기본 한식
매일 집밥

썰맨 지음

기본 한식 매일 집밥

초판 1쇄 발행 · 2025년 7월 28일
초판 2쇄 발행 · 2025년 8월 13일

지은이 · 썰맨
발행인 · 우현진
발행처 · (주)용감한 까치
출판사 등록일 · 2017년 4월 25일
팩스 · 02)6008-8266
홈페이지 · www.bravekkachi.co.kr
이메일 · snowwhite-kka@naver.com

기획 및 책임편집 · 우혜진
마케팅 · 리자
디자인 · 백설미디어 **교정교열** · 이정현
CTP 출력 및 인쇄 · **제본** · 이든미디어

- 책값은 뒤표지에 표시되어 있습니다.
- 잘못된 책은 구입한 서점에서 바꿔드립니다.
- 이 책에 실린 모든 내용, 디자인, 이미지, 편집 구성의 저작권은 도서출판 용감한 까치와 지은이에게 있습니다.
  허락 없이 복제하거나 다른 매체에 옮겨 실을 수 없습니다.

ISBN 979-11-91994-40-7(13590)

ⓒ 썰맨

감성의 키움, 감정의 돌봄 용감한 까치 출판사

용감한 까치는 콘텐츠의 樂을 지향하며 일상 속 판타지를 응원합니다. 사람의 감성을 키우고 마음을 돌봐주는 다양한 즐거움과 재미를 위한 콘텐츠를 연구합니다. 우리의 오늘이 답답하지 않기를 기대하며 뻥 뚫리는 즐거움이 가득한 공감 콘텐츠를 만들어갑니다. 아날로그와 디지털의 기발한 콘텐츠 커넥션을 추구하며 활자에 기대어 위안을 얻을 수 있기를 바랍니다. 나를 가장 잘 아는 콘텐츠, 까치의 반가운 소식을 만나보세요!

세상에서 가장 용감한 고양이 '까치'

동물 병원 블랙리스트 까치. 예쁘다고 만지는 사람들 손을 마구 물고 할퀴며 사나운 행동을 일삼아 못된 고양이로 소문이 났지만, 사실 까치는 누구보다도 사람들을 사랑하는 고양이예요. 사람들과 친해지고 싶은 마음에 주위를 뱅뱅 맴돌지만, 정작 손이 다가오는 순간에는 너무 무서워 할퀴고 보는 까치.

그러던 어느 날, 사람들에게 미움만 받고 혼자 울고 있는 까치에게 한 아저씨가 다가와 손을 내밀었어요. "만져도 되겠니?"라는 말과 함께 천천히 기다려준 그 아저씨는 "인생은 가까이에서 보면 비극이지만, 멀리서 보면 코미디란다"라는 말만 남기고 휭하니 가버리는 게 아니겠어요?

울고 있던 겁 많은 고양이 까치는 아저씨 말에 마지막으로 한 번 더 용기를 내보기로 했어요. 용기를 내 '용감'하게 사람들에게 다가가 마음을 표현하기로 결심했죠. 그래도 아직은 무서우니까, 용기를 잃지 않기 위해 아저씨가 입던 옷과 똑같은 옷을 입고 길을 나섭니다. '인생은 코미디'라는 말처럼, 사람들에게 코미디 같은 뻥 뚫리는 즐거움을 줄 수 있는 뚫어뻥 마법 지팡이와 함께 말이죠.

과연 겁 많은 고양이 까치는 세상에서 가장 용감한 고양이가 될 수 있을까요? 세상에서 가장 용감한 고양이 까치의 여행을 함께 응원해주세요!

저자의 말

집밥과 외식의 맛 차이,
밖에서 사 먹는 맛을 집에서도 재현할 수 있을까

제가 유튜브 채널에 요리 영상을 올리면서 정말 많이 들은 이야기가 있어요. "썰맨 님, 집에서 아무리 해도 식당 맛이 안 나요!", "이 맛은 도대체 어떻게 내는 거예요?"였죠. 많은 분들이 집에서 맛있는 요리를 하고 싶어 하는데, 뭔가 2% 부족한 느낌을 받는 것 같았어요. 그 2%가 뭘까 고민해보니, 바로 '조미료'에 대한 오해와 편견이더라고요. 조미료 하면 왠지 모르게 '나쁜 것', '몸에 해로운 것'이라는 인식이 강하잖아요. 김혜자 선생님이 광고하시던 다시다나 혼다시 같은 조미료는 사실 요리에 감칠맛을 더해주는 마법 같은 존재인데 말이죠.

저는 이 책을 통해 그런 오해를 싹 풀고 싶었어요. 조미료는 마치 소금이나 설탕처럼 요리를 더 풍성하고 맛있게 만들어주는 하나의 '재료'일 뿐이에요. 소금과 시즈닝에 대한 책도 있듯, 조미료도 잘만 활용하면 훨씬 쉽고 즐겁게 요리할 수 있거든요. 이 책은 단순히 레시피만 나열하는 요리책이 아니에요. '엄마보다 친절한 요리책'을 기준으로 삼아 요리 초보분들도 쉽게 따라 할 수 있도록, 그리고 조미료를 써야 하는 이유와 각 조미료가 어떤 맛을 내는지, 그리고 그 원리까지 친절하게 알려드리고 싶었어요.

가정식을 식당 맛으로

저는 지난 10년 동안 매일 5명에서 10명 정도 되는 직원들의 아침과 저녁 식사를 챙겨왔어요. 매일 다른 재료, 다른 메뉴를 만들어야 했죠. 어떤 날은 한식, 어떤 날은 양식, 또 어떤 날은 중식처럼요. 처음에는 매번 새로운 레시피를 찾아 헤맸는데, 이게 쉬운 일이 아니더라고요. 그러다 문득 '이 많은 요리에 뭔가 공통된 원리가 있지 않을까?' 하는 생각이 들었어요.

수많은 시행착오 끝에 모든 요리에는 '맛의 공식'이라는 게 있다는 걸 깨달았어요. 어떤 요리든 기본적인 풍미를 내는 과정이 정말 중요해요. 주재료를 충분히 이해하고 최대한 간단하고 빠르게 기본이 되는 풍미를 스케치하고 끌어내는 것부터 시작하는 거죠. 이게 바로 맛의 첫 단추예요. 재료가 뭐든 어떤 요리를 하든 이 과정은 거의 필수더라고요. 마치 건물을 지을 때 기초를 튼튼하게 다지는 것과 같아요. 유튜브 채널에서도 강조하는 부분이 만들고자 하는 메뉴를 머릿속에 밑그림을 그리고 그 위에 채색으로 무엇을 첨가할지 상상한 후 시작하라고 말합니다.

간을 맞추는 타이밍도 중요해요. 단순히 마지막에 소금을 넣는 게 아니라, 재료를 볶을 때, 육수를 낼 때, 소스를 만들 때마다 적절하게 간을 맞춰주면 재료 본연의 맛이 살아나면서 전체적인 풍미가 훨씬 깊어져요. 마치 오케스트라의 지휘자처럼 각각의 특성이 조화를 이루도록 이끌어주는 거죠.

또 하나 중요한 것은 온도와 시간이에요. 고기를 겉만 바삭하게 굽는 시어링이나 채소를 아삭하게 살리는 볶음처럼, 재료에 맞는 최적의 온도와 시간을 찾아내는 거죠. 이게 바로 식당 요리의 불 맛이나 식감의 비결이거든요. 결국 제가 찾은 공식은 재료의 특성을 이해하고, 풍미를 내고, 간을 단계별로 맞추고, 온도와 시간으로 마무리하는 것이었어요. 이 원칙만 알면 어떤 요리든 식당 맛을 낼 수 있어요.

나의 인생, 나의 요리

저는 15년 전부터 캠핑, 레저, 바비큐 사업을 시작했어요. 캠핑, 트레일러, 자전거 등 그 분야에서 이름만 들으면 알 수 있는 브랜드와 무역 사업 등을 했죠. 그때 사옥과 창고 부지에 잔디밭이 200평 정도 있었는데 그냥 놀리기가 아까웠어요. 마침 운 좋게 요식업 허가를 받을 수 있는 건물이라 100% 예약제로 캠핑 바비큐를 시작했는데, 오픈 한 달 만에 몇 개월 치가 예약될 정도로 큰 인기를 끌었어요. 그런데 때마침 미세먼지가 심해지는 바람에 야외 활동이 기본인 레저 산업이 하향길로 들어서면서 재고를 쌓아놓아야 하는 사업은 저에게 맞지 않는다는 생각이 들었죠. 자의 반 타의 반으로 사업 전환을 고려할 수밖에 없었습니다. 그때 평소 관심을 갖던 요식업을 해야겠다 다짐하고 2년여의 준비 끝에 시작해서 지금까지 계속하게 되었습니다.

저에게 요리는 재능과 경험입니다. 음식 맛을 보면 무슨 재료를 넣었는지, 어떻게 조리했는지 어느 정도는 맞힐 수 있어요. 건설사 영업으로 20~30대를 보냈는데, 사무실이 논현동에 있었기에 강남의 유명한 맛집과 술집 등은 거의 다 다녀봤고, 지방 출장도 잦아서 전국 곳곳 구석구석 웬만한 맛집은 다 가봤기 때문이죠. 그 기억이 저에겐 인생을 후회 없이 살았다 자부할 수 있게 해주는 부분입니다. 물론 술을 많이 마신 건 후회가 좀 되지만요.

그렇다 보니 자주 다니는 단골집 이모님, 사장님과 친해질 수밖에 없었어요. 얼마 전엔 오랜만에 방문한 해물 요리점 대표님께서 늦은 밤 저에게 가게를 맡기고 장을 보고 오시더라고요. 그 정도로 친하게 지내던 대표님이 많았어요. 지금이야 그럴 수 없지만 25년 전엔 "사장님, 이거 어떻게 만들어요?"라고 물으면 무용담처럼 다 알려주셨죠.

그때 모든 식당 사장님이 공통적으로 하는 이야기가 있었어요. 사실 비법이라는 게 알고 나면 허무한 경우가 정말 많아요. 그리고 단순합니다. 절대 복잡하지 않아요. 그 공통적인 함수를 알고 요리하는 것과 모르고 요리하는 건 차원이 다르다는 걸 느꼈고, 어떤 맛이든 따라 할 수 있다는 자신감이 생겼죠.

책도 많이 읽고 공부도 많이 하긴 했지만, 처음 시작한 주꾸미볶음(현재도 운영 중)은 전국 팔도 안 다녀본 집이 없을 정도로 맛집은 모두 다녔고, 심지어 지방 모 매장의 주꾸미집 3일 치 쓰레기를 모두 가져와서 어떤 걸 썼나 알아보기도 했죠. 어찌 보면 약간의 재능과 경험, 노력을 모두 쏟아부었다고 할 수 있을 것 같아요. 저는 요리사가 아니라 조리사입니다. 조리사는 조리를 잘하는 사람이에요. 저는 조리사로서의 실전 경험과 노하우를 현실에 맞게 잘 응용하는 사람이라고 평하고 싶습니다.

요식업 사장님들과 함께하는 프로젝트, 소상공인대학

66만 요리 유튜버로 알려지기 전, 저도 정말 힘든 시간을 보냈어요. 하루 매출이 8만 원도 안 되던 시절이 있었죠. 그때는 정말 막막했어요. 하지만 그 어려움을 딛고, 지금은 매달 수억 원의 매출을 올리는 한식당(해신명가, 육삼식당)을 운영하기까지 많은 노하우를 쌓았습니다. 저는 유튜브를 하다가 식당을 낸 것도 아니고, 식당을 하다가 유튜버로 전향한 것도 아닌, 원래 본업이 요식업 자영업자입니다. 자영업을 하면서 유튜브 채널이 인기를 끌면서 음식 맛뿐 아니라 본질적인 마케팅의 중요성도 절실히 깨달았어요. 쉽게 설명드리면 '대박'을 좇기보다 '망하지 않는' 식당으로 만드는 게 훨씬 중요하다는 거죠. 음식 맛, 서비스, 마케팅, 그리고 경영까지 모든 것이 조화롭게 균형을 이

룰 때 비로소 오래 살아남을 수 있더라고요.

그리고 제가 깨달은 것을 널리 알려야겠다는 생각에 '만약 시간 여유가 생긴다면, 이 노하우를 무료로 알려주겠다'고 수천 명이 지켜보는 라이브 방송 때 약속했죠. 그 후 천천히 준비해 비영리 교육 단체인 '소상공인대학'을 설립해 운영하고 있습니다. 매달 1~2회 정기 강연도 무료로 진행하고 있고요. 특히 요즘은 음식 맛은 당연히 있어야 하는 데다 '디지털 전환'이 정말 중요하죠. 저희 소상공인대학은 소상공인분들이 디지털 환경에 잘 적응해 온라인 마케팅도 잘하고, 1:1 맞춤형 요식업 코칭을 통해 가게에 딱 맞는 전략을 세울 수 있도록 하고 있어요. 능력이 닿는 한 제 경험과 지식을 아낌없이 나누면서, 모든 소상공인분들이 썰맨처럼 얇고 길게 살아갈 수 있도록 돕는 게 제 목표입니다.

저는 66만 요리 유튜버이기 전에, 수십 명의 직원을 책임지는 자영업자예요. 단순히 월급만 준다고 해서 제 책임을 다하는 건 아니라고 생각해요. 직원들이 저를 위해 에너지와 시간을 쓰고 있는데, 단순히 '돈'으로만 그 모든 걸 보상한다고 생각하면 정말 미안하거든요. 그래서 늘 '사장에게 배울 것이 있어야 한다'고 여기고 고민했어요. 제가 계속 성장해야 저를 믿고 따라오는 직원들도 함께 성장할 수 있다고 믿어요. 그게 바로 모두 함께 롱런하는 데 가장 기본적인 토대라고 생각하거든요.

누군가에게 뭔가를 제대로 알려주려면, 정확한 정보와 생생한 경험이 밑바탕이 되어야 해요. 이번 요리책도 사실 수많은 경험이 녹아든 결과물이죠. 그 많은 경험을 담으려면 하루를 6시간으로 쪼개서 마치 4일처럼 살아야 할 수 있을까 말까 해요. 시간에 쫓기는 게 아니라, 시간을 리드하면서 살아야 하는 거죠. 그런데 이게 말처럼 쉽지 않아요. 이 책을 내기까지 2년 가까이 걸린 걸 보면 계속 저를 채찍질하고, 동기부여를 해줄 뭔가가 필요했어요. 그게 바로 소상공인대학이죠. 제가 다른 분들에게 지식을 나누는 통로이기도 하지만, 동시에 저 스스로 더 깊이 공부하고 배우기 위한 강력한 '채찍'이 되어주고 있어요. 직원들과 함께 성장하고, 더 많은 분들에게 긍정적인 영향을 주기 위해 오늘도 달리고 있습니다.

요리하는 사람에게 조미료란?

조미료에 대한 질문을 자주 접하는 것 같아요. 댓글로 욕도 많이 듣지만요. 많은 분들이 여전히 조미료에 대해 편견을 가지고 있어요. '몸에 안 좋다', '화학물질이다' 같은 오해들이요. 사실 소금이나 설탕도 모두 조미료예요. 짠맛을 더하는 것도 조미료이고, 단맛을 더하는 것도 조미료죠. 다만 우리가 사회적 통념상 조미료는 요리에 감칠맛을 더하고 풍미를 끌어올리는 인공조미료로 인식되어 있을 뿐이죠.

흔히 말하는 미원(MSG)을 화학 조미료라고 알고 있지만 학계에서는 십수 년 전부터 천연 조미료로 결론을 내렸고, 1일 권장 섭취량이 없는 무해한 재료입니다. 사실 집에서 식당 맛을 내는 비법 중 하나가 바로 이 조미료를 현명하게 활용하는 거예요. 적당량만 쓰면 평범한 재료도 특별한 맛으로 변신시켜주죠. 저는 조미료가 이런저런 오해에서 벗어나 당당하게 요리의 한 부분으로 인정받아야 한다고 믿어요. 오히려 간과 풍미를 맞추기 위해 사용하는 설탕, 소금, 간장 등의 염분과 당이 건강을 방해한다고 생각합니다.

풍미를 끌어올려 염분과 당을 적게 사용하면 더욱 좋다는 게 개인적인 요리 철학입니다. 하지만 조미료 쓴다면 다 맛있는 건 아니죠. 그렇다면 맛없는 식당이나 망하는 식당도 없어야 하지 않을까요? 조미료는 요리를 쉽고 빠르게 맛있고 즐겁게 만들어주는 도구 그 이상도, 그 이하도 아닙니다.

누구나 요리할 수 있도록, 분말

1인 가구 또는 핵가족이 점점 보편화되어가고 있어요. 물론 소용량 조미료나 식재료 등이 메이커별로 출시되고 있긴 하지만 이런 현상이 나타난 것도 사실 최근의 일이에요. 보관도 어렵고 이런 조미료들로 맛을 내기가 쉽지 않기도 하죠. 그거 아시나요? 브랜드 맛집 떡볶이에는 고추장이 들어가지 않는다는 사실요. 대신 분말을 이용합니다. 코로나 이후 배달 문화가 정착되었고, 그 맛에 익숙해진 소비자가 집에 있는 고추장, 간장, 설탕으로 맛을 내보려 하지만 불가능한 이유죠. 한발 더 나아가 관리와 유통기한 등을 생각했을 때 분말이 대세가 될 것이라고 확신했어요. 사실 유튜브에 분말 요리를 소개했을 당시 폭발적인 반응을 얻었다는 건 관심도가 높음을 알 수 있는 대목이겠죠. 그리고 맛까지 있으니 이 시장이 점점 커질 수밖에 없다고 확신합니다.

첫 요리책을 쓰면서

10년째 한식업을 운영하다 보니 음식을 만들 때 가장 신경 쓰는 건 바로 여러 사람의 입맛을 배려하는 것이에요. 아무리 계량을 정확히 하고, 좋은 재료를 쓴다 해도 그날 재료의 당도나 수분, 온도에 따라 재료 계량이 조금씩 달라질 수밖에 없어요. 그런 데다 같은 재료와 양을 써도 먹는 사람 입장에서는 다르게 느낄 수 있죠. 결국 모든 이의 입맛은 제각각일 수밖에 없다는 사실을 깨달았습니다. 그래서 찾은 방법이 음식의 간을 적당하게 맞추되 각자에게 맞게 커스텀하는 것이었어요. 하지만 우선은 기본적인 조미료인 소금을 제대로 쓰는 것이 중요합니다. 소금은 단순히 짠맛만 내는 게 아니라, 다른 재료들의 맛을 끌어올리고 균형을 잡아주는 마법사 같은 존재거든요.

그래서 이 책에는 요리 시작 부분이나 중간, 또는 마지막에 간을 보면서 소금을 적절히 넣어주라는 멘트가 자주 나와요. 바로 제가 신경 쓰는 부분이죠.

같은 간을 해도 누군가는 싱겁다, 또 누군가는 짜다는 반응이 나옵니다. 제아무리 좋은 기술이 있어도 상대를 이해하는 기본적인 자세를 갖추지 않는다면 각기 다른 입맛을 배려할 수 없기에 이 책을 쓰면서 그런 부분을 최대한 쉽게 설명하는 데 신경 썼어요.

다른 책들이 '좋은 재료'나 '특별한 재료'로 평준화, 계량화된 맛을 내는 법을 알려준다면, 저는 '평범한 재료'로 '평균치 이상의 꾸준한 맛'을 내는 데 집중했어요. 비유하자면 이런 거죠. 돈을 아주 많이 들여서 화려하게 꾸민 인테리어도 물론 멋지지만, 적은 돈으로도 센스 있게, 마치 원래부터 그랬던 것처럼 멋지고 세련된 공간을 만드는 게 더 대단하지 않나요?

요리도 마찬가지라고 생각해요. 비싸고 구하기 힘든 재료로 맛있게 만드는 건 어쩌면 당연한 일일지 몰라요. 하지만 마트에서 쉽게 구할 수 있는 평범한 재료로 "이게 집에서 만든 거라고?"라는 소리가 절로 나오는 맛을 내는 게 진짜 노하우 아닐까요? 제 책은 바로 그 '평범함 속의 신선한 경험'을 담아내려고 노력했어요. 그러기 위해 집에 있는 흔한 재료로 식당에서 먹는 듯한 풍미와 맛을 내는 비법을 이해하기 쉽게 풀어냈습니다. 재료의 잠재력을 빠른 시간에 타협해 끌어내는 조리법, 그리고 조미료를 활용해 2% 부족한 맛의 깊이를 더하는 노하우까지! 누구나 쉽게 따라 할 수 있으면서도, 결과물은 놀라운 레시피로 가득 채웠으니 기대하셔도 좋을 거예요.

오늘도 요리를 어려워하는 당신에게

매번 조리할 때마다 새로운 식재료를 똑같이 사용해서 따라 한다는 건 불가능한 일입니다. 제가 유튜브 영상에서 수천 번 접하는 말이 "이럴 거면 사 먹자!"라는 것입니다. 너무 자주 듣는 말이라 '그럼 이 부분을 해결해주면 되겠네'라는 생각이 들었습니다. 냉장고 속에 쟁여두고 얼려두고 방치했던 식재료를 응용할 수 있는 요리법이나 꼭 필요하지 않는 재료 등은 빼도 된다고 알려주면 좋은 팁이 되겠구나 싶었죠. 그래서 나온 제 유튜브 유행어가 "형편이 괜찮으면 넣고 형편이 좋지 않으면 빼셔도 됩니다"입니다.

배운 대로 하는 것보다 배운 것을 응용하고 자기만의 방법을 만들어나가는 것이 진짜 배움이듯 이번 책에는 "유레카!"라고 외칠 법한 응용법을 곳곳에 담아놓았습니다.

다른 책에는 없는 진짜 꿀팁

저는 모든 조미료, 즉 간장, 고추장, 된장, 하물며 액젓까지 조리하기 전에 직접 맛을 꼭 한번 보라고 말씀드리고 싶어요. 조금 떠서 먹었을 때와 한 수저 푹 떠서 먹었을 때 어떤 차이가 있는지, 설탕을 머금고 간장을 조금 찍어 먹으면 무슨 맛이 나는지, 사과식초와 현미식초는 무엇이 다른지, 백설탕과 흑설탕은 어떤 점이 다른지 알면 요리가 훨씬 더 쉽다고 생각해요. 예를 들어 멸치액젓은 국물용, 까나리액젓은 무침이나 김치 등에 사용하는 게 맞지만 적은 양을 사용한다는 조건하에 모두 사용해도 무방하다, 범용적인 것을 구매한다면 멸치액젓이 낫다는 것은 직접 먹어보지 않고는 모릅니다. 까나리액젓은 멸치액젓에 비해 쿰쿰하고 비린내가 심하다는 사실을 알고 있으면 국물에서 비릿한 맛이 나는 것을 원치 않을 때 멸치액젓을 사용하는 식으로 직접 맛을 보고 판단해 응용 레시피를 만들어나갈 수 있죠. 그러면 언젠가는 자신만의 요리 루틴이 생겨나지 않을까 싶습니다.

몇 년 전 구독자 한 분이 어려움에 처했다고 도움을 요청한 적이 있어요.
방법을 찾다가 기존 집기와 인테리어를 이용해 메뉴만 바꿔드린 적이 있습니다.
그분은 자기 건물에서 영업하는 건물주가 되었죠.
요즘 주변 대표님들 중 그분처럼 건물주가 되었다는 분들이 속속 늘어나고 있어요.
이런 부분을 체계적으로 브랜드화해서 함께 이루어나가보자 싶어
현재 육삼식당이라는 신개념 크루차이즈를 시작했어요.

8개월 만에 벌써 4호점을 오픈합니다.
소상공인대학 교육과정을 성실히 이수한 대표님들 중 우수한 결과를 낸 분들이 함께 일하고
안정적인 관리와 꾸준한 성장을 통해 서로 윈윈할 수 있는 프로젝트예요.
아마 40대 후반인 제가 가장 큰 열정을 가지고 임하고 있는 일이 아닐까 생각합니다.

저는 요리는 본질이 중요하다고 생각해요.
화려한 인테리어나 콘셉트는 언젠가 식상해질 수밖에 없어요.
저는 외적인 부분으로 관심을 끄는 것이 아니라
어디를 가든 생각이 나는 음식점을 운영하고 싶어요.
자꾸 생각나는 집, 독특한 맛과 향, 그리고 추억이 있는 집.

이번 레시피 책을 집필하면서 기존 유튜브 영상이 아닌
모든 사진과 영상을 직접 제 손으로 작업하고 편집했어요.
저 또한 많이 배우고 느낀 순간입니다.
이 책에 소개한 레시피로 요리하고 먹을 때마다
썰맨을 떠올리고 만족하셨으면 합니다.
'꾸준하게' '열심히'보다는 잘하겠습니다.

'얇고 길게, 아끼면 망한다, 건강이 최고다!'
썰맨의 인생 모토로 끝까지 보답하려 합니다.

목차

• 004 저자의 말 • 018 계량 • 019 재료 손질 • 026 만능 소스

PART 1
반찬이 없어도 맛있는
식당 맛 한 그릇

밥

034	스팸동	퓨전
036	만두볶음밥	
038	후리카케주먹밥	퓨전
040	밥버거	퓨전
042	삼겹깐풍덮밥	
044	애호박덮밥	
046	양파가쓰동	퓨전
048	고추참치덮밥	
050	콩나물볶음밥	
052	명란덮밥	
054	삼겹차슈덮밥	
056	다시다채소볶음밥	
058	대패제육덮밥	
060	두반장순두부덮밥	
062	해시브라운볶음밥	퓨전
064	시금치덮밥	
066	김치볶음밥	

PART 2
속까지 개운하게 해장할 수 있는
특급 비밀 레시피

국

- 070 김치콩나물국
- 072 떡국
- 074 얼갈이된장국
- 076 황태국(북엇국)
- 078 소고기뭇국
- 080 얼큰사골만둣국
- 082 중국집달걀국
- 084 미역국
- 086 간편육개장
- 088 족발집콩나물국
- 090 오이냉국
- 092 감잣국
- 094 배추된장국

PART 3
'북창동 순두부찌개를
아시나요?'

찌개&전골

- 098 노포김치찌개
- 100 그집된장찌개
- 102 북창동순두부찌개
- 104 김치청국장
- 106 고추장찌개
- 108 부대찌개
- 110 동태찌개
- 112 어묵탕
- 114 초간단두부찌개
- 116 오징어찌개
- 118 그집불고기전골
- 120 샤부샤부전골

PART 4
고급 한정식의 정갈한 밑반찬을
우리 집 식탁 위에

밑반찬

- 124 멸치고추장볶음
- 126 진미채볶음
- 128 콩자반
- 130 연근조림
- 132 알감자조림
- 134 마늘종볶음
- 136 멸치꽈리고추볶음
- 138 어묵볶음
- 140 무나물볶음
- 142 김치볶음
- 144 미역줄기볶음
- 146 두부조림
- 148 두부간장조림
- 150 메추리알조림
- 152 애호박볶음
- 154 건새우마늘종볶음
- 156 식당맛뚝배기달걀찜
- 158 고사리볶음

PART 5

누구나 좋아하는
기사 식당 볶음의 진수

볶음 요리

162   주꾸미볶음
164   제육볶음
166   오징어볶음
168   소시지채소볶음
170   닭볶음탕
172   닭갈비
174   차돌박이숙주볶음
176   소불고기
178   콩나물불고기
180   즉석떡볶이

PART 6

소문난 맛집의
시원 칼칼한 면 치기

면 요리

184   잔치국수
186   비빔국수
188   김치칼국수
190   바지락칼국수
192   장칼국수
194   우동
196   볶음우동
198   메밀국수
200   들기름간장국수
202   고급짬뽕
204   닭칼국수

PART 7

훔쳐 오고 싶은
식당 맛 찜 레시피

찜 & 조림

208 분말아귀찜
210 분말코다리조림
212 안동찜닭
214 갈치조림
216 매운등갈비찜
218 소갈비찜
220 돼지등뼈찜
222 돼지고기김치찜
224 생고등어조림
226 소고기장조림

PART 8

실시간
급상승 레시피

화제의 썰맨 레시피

230 고추장삼겹살
232 을지로골뱅이무침
234 초간단양념갈빗살
236 대용량오이미역냉국
238 다시다냉면
240 콩국수
242 도토리묵무침
244 무생채

계량

계량은 집에서 흔히 사용하는 밥숟가락을 활용합니다.

½컵
종이컵의 절반 정도
(식당이나 음식점에서
사용하는 소주잔 양)

종이컵
시중 커피 자판기의
컵 양 기준

½큰술
밥숟가락의 절반 양

1큰술
흔히 식당에서 사용하는
밥숟가락에 가득 차는 양

재료 손질

고추
채썰기

당근
채썰기

양파
채썰기

 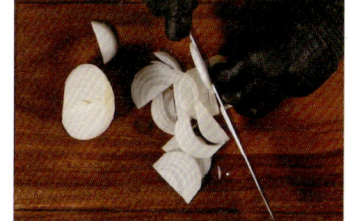

고추
어슷썰기

대파
어슷썰기

**고추
다지기**

**마늘
다지기**

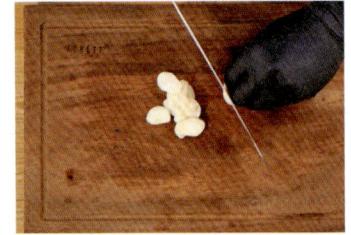 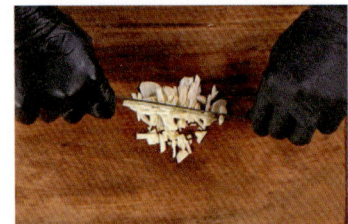

**마늘
으깨기**

**마늘
편 썰기**

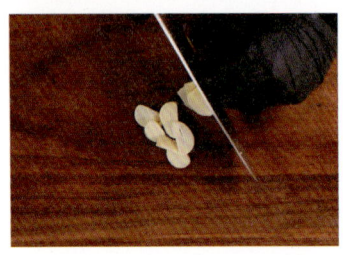 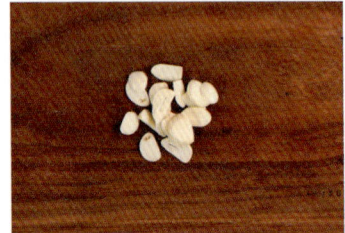

**가지
스틱 썰기**

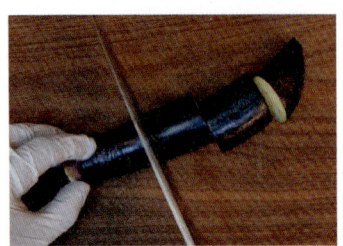 

**양파
깍둑썰기**

**당근
깍둑썰기**

**애호박
깍둑썰기**

**스팸
깍둑썰기**

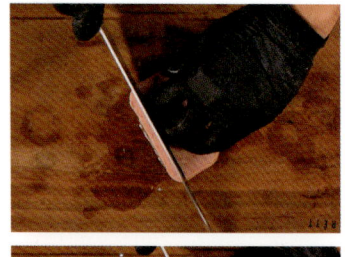
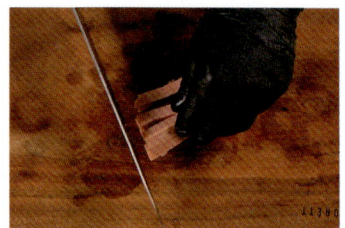

**오이
반달썰기**

**감자
반달썰기**

**애호박
반달썰기**

대파
넓적썰기

대파
얇게 썰기

알배추
손질하기

미나리
손질하기

쪽파
송송 썰기

호박 얇게 나박 썰기

넓적 어묵 자르기

오징어 손질하기

칼로 오징어 몸통 중간을 갈라주고 다리를 잡아당겨 분리한 뒤 몸통 안 내장과 뼈를 빼냅니다. 눈과 입을 손 또는 칼을 이용해 빼내거나 잘라냅니다. 오징어 빨판은 흐르는 물에 다리끼리 비벼서 거친 부분을 제거합니다. 그런 다음 흐르는 물에 깨끗이 씻어 마무리합니다.

오징어 껍질 벗기기

오징어 몸통과 다리를 분리하고 몸의 넓은 쪽 껍질 끝을 살짝 들어 올립니다. 키친타월이나 굵은소금을 이용해 껍질 끝을 잡고 몸통 아래쪽으로 쭉 당겨서 벗겨냅니다. 그런 다음 남아 있는 얇은 껍질은 손이나 칼로 마저 벗겨냅니다.

오징어 칼집 내기

손질한 오징어 몸통의 내장이 있는 안쪽 면을 위로 향하게 도마 위에 올립니다. 칼을 약 45도 각도로 비스듬히 눕혀 잡은 다음 오징어가 잘리지 않게 같은 간격으로 사선 칼집을 넣습니다. 방향을 바꿔 처음 칼집과 교차되도록 사선 칼집을 넣어 마름모로 칼집을 냅니다. 칼집 넣은 오징어를 요리의 용도에 맞게 잘라줍니다.

만능 소스

만능볶음고추장

만능볶음고추장 하나로 비벼 먹고 쌈 싸 먹고 다양하게 활용하세요.

5인분 이상

필수 재료
- ☑ 다진 소고기 250g
- ☐ 고추장 1컵
- ☐ 물 1컵

양념
- ☐ 설탕 2큰술
- ☐ 굴소스 1큰술 이하
- ☐ 케첩 1큰술
- ☐ 다진마늘 2큰술
- ☐ 송송 썬 대파 2큰술
- ☐ 참기름 1큰술
- ☐ 참깨 1큰술
- ☐ 물엿 3큰술

1 깊은 프라이팬에 다진 소고기 250g을 넣고 50% 정도 볶아주세요.

2 불을 끄고 물엿을 제외한 모든 양념 재료를 넣은 뒤 잘 섞은 다음 불을 켜고 타지 않게 달달 볶아주세요.

3 고추장 1컵과 물 1컵을 넣은 뒤 잘 저어가며 걸쭉해질 때까지 바닥 면이 타지 않게 조리세요.

4 마지막으로 물엿으로 단맛을 더하면 풍미 가득한 만능볶음고추장이 완성됩니다. ※ 식힌 뒤 냉장 보관하면 장기간 보관 가능합니다.

TIP. 물엿(올리고당으로 대체 가능)을 가열할 때 넣지 말고 조리가 끝난 뒤 넣어서 섞으면 단맛 손실 없이 양념장을 만들 수 있어요.

	재료	소고기가 없으면 참치를 넣어도 됩니다.
	냉털	대파 대신 양파를 이용해도 좋지만 양파는 수분이 많으므로 따로 장시간 볶아서 사용해야 합니다.
	응용	식초를 조금 더 넣으면 비빔국수용으로 응용 가능해요.
	요리	양념장은 식었을 때 굳기 때문에 원하는 농도보다 조금 묽게 조리하세요.

식당맛초장

새콤달콤 입맛 돋우는 마법! 집에서 직접 만드는 초고추장 레시피.

10인분 이상

필수 재료
☑ 고추장 500g

양념
☐ 설탕 5큰술
☐ 사이다 ½컵
☐ 환만식초 ½컵(조절)
☐ 물엿 3큰술
☐ 다진 마늘 1큰술
☐ 다진 생강 ½큰술
☐ 통깨 1큰술
☐ 후춧가루 약간
☐ 참기름 1큰술
☐ 미원 ½큰술

1 분량의 양념 재료를 넣어 설탕과 양념이 잘 섞이도록 저어줍니다.

2 고추장을 넣어 잘 섞어 마무리합니다.

재료
식초는 2배, 3배 등 혼합 식초보다 환만식초(양조식초)를 이용하면 뒷맛이 깔끔한 초장이 완성됩니다.

냉털
냉장고에 남아 있는 시판용 고추장을 모아서 사용하면 쉽게 만들 수 있습니다.

응용
식초 양을 조절해 비빔국수나 골뱅이 무침용 소스로도 활용 가능해요.

요리
사이다 양을 조절해 원하는 농도를 맞춰주세요.

만능양념쌈장

삼겹살, 쌈밥, 나물, 무침 어디에나 찰떡궁합! 이 황금 레시피 하나면 쌈장 명인이 될 수 있어요.

5인분

필수 재료

☑ 재래식 된장 3큰술
☐ 고추장 2큰술
☐ 청양고추 1큰술
☐ 홍고추 1큰술

양념

☐ 수분 뺀 사과즙 2큰술
☐ 수분 뺀 양파즙 2큰술
☐ 볶은 콩가루 2큰술
☐ 마요네즈 1큰술
☐ 고춧가루 1큰술
☐ 다진 마늘 1큰술
☐ 통깨 1큰술
☐ 설탕 2큰술
☐ 물엿 2큰술(단맛 조절)
☐ 들기름 1큰술
☐ 미원 ½큰술(선택)

1 사과와 양파는 갈아서 수분을 분리해 준비해주세요.

2 청양고추와 홍고추는 잘게 썰어서 준비하세요.

3 볼에 재래식 된장 3큰술과 고추장 2큰술을 넣고 분량의 양념 재료를 넣어 잘 섞어주세요.

4 청양고추와 홍고추를 넣어 마무리하세요. ※ 물엿과 설탕은 마지막에 가감해서 넣어도 됩니다.

TIP. 콩가루는 된장의 염도에 따라 양을 조절하세요.

🧂	재료	된장은 재래식 된장을 사용해야 감칠맛과 풍미가 좋습니다(소맥분이 아닌 메주 함유율이 높은 제품인지 확인하세요).
🗄	냉털	냉장고에 남아 있는 시판 양념 쌈장을 넣어도 좋아요.
👜	응용	사과즙, 양파즙 대신 사이다를 넣어 쌈장 농도를 조절해도 됩니다.
👨‍🍳	요리	냉동 우렁을 해동해 뚝배기에 넣은 다음 물과 양파를 약간 넣고 끓이면 우렁쌈장으로 먹을 수 있어요.

만능나물무침분말

어렵고 헷갈렸던 식당 맛 나물무침, 이대로만 하면 쉽게 완성할 수 있어요.

5인분

필수 재료

☑ 참기름 약간
☐ 다진 마늘 약간
☐ 통깨 1큰술

양념

☐ 소금 1큰술
☐ 설탕 1큰술
☐ 미원 ½큰술
☐ 소고기 다시다 ⅔큰술
☐ 마늘가루 ½큰술(선택)
※ 다진 마늘로 대체 가능

1 분량의 양념 재료로 만능가루를 만들어주세요. ※ 가정에서는 용량의 반으로 만들어도 꽤 많은 양입니다.

2 나물무침을 만들 때 나물 양에 맞게 간을 보면서 넣으세요. 나물을 데친 뒤 물기를 짜고 만능가루를 넣어 밑간을 맞춥니다.

3 ②에 참기름, 다진 마늘을 넣어 간을 맞춘 후 통깨를 빻아 넣어 마무리합니다.

재료 — 어떤 나물이든 사용 가능합니다.

냉털 — 냉장고에 보관된 콩나물부터 부추, 시금치까지 만능분말로 다양한 무침 요리에 도전해보세요.

응용 — 약간의 가루에 만능쌈장 양념을 아주 약간 넣어 된장무침으로도 응용할 수 있어요.

요리 — 만능나물무침분말은 기본적으로 소금무침 베이스입니다. 고춧가루를 넣어서 파채무침 등 다양한 요리에 활용하세요.

만능조림장

만능조림장만 있으면 나도 요리 금손! 누구나 따라 할 수 있는 간단 레시피를 소개합니다.

4~5인분

양념

- ☑ 진간장 5큰술
- ☐ 미림 5큰술
- ☐ 참치액 1큰술
- ☐ 고추장 1큰술
- ☐ 고춧가루 5큰술
- ☐ 설탕 2큰술
- ☐ 소고기 다시다 ½큰술
- ☐ 미원 ⅓큰술
- ☐ 후춧가루 약간
- ☐ 다진 마늘 ½큰술
- ☐ 다진 생강 ⅓큰술

1 분량의 재료로 양념을 만들어 하루 동안 숙성합니다.

※ 양념장은 사용하는 재료의 양에 따라 가감하세요.

재료 조림으로 사용하는 식재료 모두 이용 가능합니다.

냉털 감자조림이나 생선조림, 무조림 등 다양한 조림장으로 활용 가능합니다.

응용 단맛을 내는 설탕이나 물엿 등을 더 넣어서 간단한 볶음 요리 소스로 응용해보세요.

요리 생선을 조릴 때는 꼭 다진 생강을 넣어야 특유의 비린 향과 잡내를 없앨 수 있습니다.

만능국양념

육수 낼 필요 없이 이것 하나면 깊고 시원한 국물 요리가 순식간에 완성됩니다.

4~5인분

양념
- ☑ 소고기 다시다 1큰술
- ☐ 멸치 다시다 1큰술
- ☐ 미원 ½큰술
- ☐ 꽃소금 ⅔큰술
- ☐ 국간장 3큰술
- ☐ 청수 우동 국물 2큰술
- ☐ 참치액 2큰술

1 분량의 재료로 양념장으로 만들어주세요.

2 국물 양에 따라 1큰술씩 조금씩 넣어가며 간을 맞춰주세요.

재료
- 양념은 1년간 냉장 보관할 수 있어요.
- 많은 양을 만들 때는 배수보다 조금 적은 양으로 만드세요.

냉털
뭇국, 콩나물국, 소고깃국 등 여러 재료를 이용해보세요.

응용
다시다의 종류나 비율을 변경하면 좀 더 집중된 맛으로 변화시킬 수 있어요.

요리
국물은 간과 풍미, 그리고 원재료의 조화가 기본입니다. 간과 풍미는 만능국 양념에 맡기고 재료의 양과 조합에 집중하면 됩니다.

반찬이 없어도
맛있는
식당 맛 한 그릇

part 01
밥

스팸동
만두볶음밥
후리카케주먹밥
밥버거
삼겹깐풍덮밥
애호박덮밥
양파가쓰동
고추참치덮밥
콩나물볶음밥
명란덮밥
삼겹차슈덮밥
다시다채소볶음밥
대패제육덮밥
두반장순두부덮밥
해시브라운볶음밥
시금치덮밥
김치볶음밥

스팸동

썰맨 TIP

	재료	스팸뿐 아니라 저염 햄이나 스모크 햄을 이용해도 좋아요. 예전과 달리 스팸도 용도에 맞는 상품이 출시되어 있으니 기호에 따라 선택하면 됩니다.
	냉털	재료의 변신은 무죄! 반드시 스팸이나 햄을 이용하지 않아도 됩니다. 형편에 맞게 냉동실에 있는 삼겹살 혹은 소고기 등을 작게 자르거나 얇게 저며서 이용하면 색다른 맛으로 즐길 수 있습니다.
	응용	진공 포장된 닭 가슴살을 얇게 잘라 구운 뒤 조리하면 다이어트 요리로도 좋아요.
	요리	스팸의 짠맛이 싫다면 저염 햄을 이용하거나 스팸을 얇게 잘라 미온수에 20분 정도 담가 짠 기를 제거한 후 이용하면 훨씬 담백하게 만들 수 있습니다.

1인분

스팸을 간장소스에 조려 만든 간단하면서도 맛있는 한 그릇 요리입니다.

필수 재료

☑ 스팸 6조각
☐ 밥 1공기
☐ 송송 썬 쪽파 또는 대파 약간
☐ 달걀노른자 1개 분량
☐ 다진 마늘 ⅓큰술
☐ 식용유 ½큰술

양념

☐ 물 3큰술
☐ 간장 1큰술
☐ 맛술 2큰술
☐ 설탕 1큰술

1 스팸을 먹기 좋은 크기로 썰어줍니다(6조각 정도).

2 고명으로 쓸 쪽파 또는 대파를 송송 썰어줍니다.

3 팬에 기름을 두르고 스팸을 구워주세요.

4 다진 마늘 ⅓큰술을 넣고 햄과 함께 타지 않게 볶다가 물 3큰술, 간장 1큰술, 맛술 2큰술, 설탕 1큰술을 넣어주세요.

※ 스팸에 간이 잘 배도록 앞뒤로 잘 구워주세요.

5 양념이 자박하게 남았을 때 불을 꺼주세요.

6 밥 위에 구운 스팸을 잘 올린 뒤 남은 양념을 스팸 위에 올린 다음 쪽파나 대파채, 달걀노른자로 마무리하세요.

※ 참기름과 통깨를 조금 넣으면 더욱 맛있습니다.

만두볶음밥

썰맨 TIP

	재료	냉동 만두는 회사별로 종류가 많습니다. 크기가 작은 만두부터 왕만두까지 여러 종류의 만두가 있으니 개수를 적당하게 조절하세요.
	냉털	고기만두, 김치만두, 갈비만두 등 어떤 종류의 만두든 상관없지만 담백하고 식감 있는 볶음밥을 좋아한다면 신 김치를 송송 썰어 만두를 넣기 전 함께 볶으면 식감도 좋고 느끼한 맛을 잡을 수 있어요.
	응용	고기만두뿐 아니라 김치만두를 이용해도 좋고 냉동 해시 브라운을 해동해 응용해도 좋습니다.
	요리	만두볶음밥의 기름진 맛이 싫다면 만두를 프라이팬에 넣고 볶을 때 식용유나 마가린 대신 종이컵 기준 ½컵의 물을 넣어 조리듯 볶으면 담백하게 만들 수 있어요.

1인분

냉동실에 있는 만두를 이용해 간단하지만, 맛만큼은 간단하게 만들었다는 생각이 나지 않을 만큼 고급스러운 만두볶음밥을 만들어볼게요.

필수 재료

- ☑ 냉동 만두 8개
- ☐ 밥 1공기
- ☐ 달걀 1개
- ☐ 송송 썬 대파 혹은 쪽파 약간
- ☐ 당근 약간
- ☐ 참기름 1큰술
- ☐ 마가린 또는 식용유 2큰술
- ☐ 후춧가루 약간
- ☐ 통깨 약간

양념

- ☐ 굴소스 1큰술
- ☐ 맛소금 약간(선택)

1 냉동 만두를 전자레인지에 3분 정도 돌린 뒤 가위로 자르거나 으깨서 적당한 크기로 만들어주세요.

※ 김치만두와 고기만두를 섞으면 더욱 맛있습니다.

2 당근과 대파의 흰 부분을 송송 썰어 준비하세요.

3 팬에 식용유 또는 마가린을 넣고 대파와 당근을 넣어 살짝 볶은 후 ①을 넣어서 한번 더 볶습니다.

4 볶은 재료를 프라이팬 한쪽에 밀어두고 달걀을 넣어 스크램블드해주세요.

5 불을 끄고 밥을 넣어 섞어준 뒤 불을 켜고 중간 불로 올려 밥이 타지 않게 볶아줍니다.

6 굴소스 1큰술과 후춧가루 약간을 넣고 잘 섞어서 간을 맞춰주세요. 간이 맞으면 참기름과 통깨를 넣어 잘 섞어서 마무리합니다.

※ 간이 맞지 않을 경우 맛소금으로 조절하세요.

※ 만두를 전자레인지에 돌릴 때 만두를 올린 접시나 그릇에 물을 약간 넣어 뚜껑을 덮고 조리하면 부드럽게 익힐 수 있어요.

후리카케주먹밥

썰맨 TIP

	재료	후리는 '튀김', 카케는 '얹다'라는 뜻입니다. 어렵게 재료를 튀기거나 말리고 볶을 필요 없이 마트 조미료 코너에서 김과 통깨 등을 넣은 시판 후리카케를 구입해 사용하세요.
	냉털	후리카케 주먹밥에 식감과 상큼함을 더하면 더욱 맛있습니다. 냉장고 속 남은 단무지의 물기를 꼭 짜서 잘게 다져 사용하거나 묵혀둔 신 김치를 흐르는 물에 씻은 뒤 물기를 짜고 잘게 다져서 사용하면 식감도 좋고 맛도 좋아요.
	응용	스팸이나 스모크 햄 등을 잘라서 프라이팬에 살짝 볶아 응용해도 맛있는 후리카케 주먹밥을 만들수 있어요.
	요리	주먹밥용 틀을 이용하면 더욱 쉽고 예쁘게 후리카케주먹밥을 만들 수 있어요.

1인분

필수 재료

- ☑ 밥 1공기
- ☐ 참치 캔(작은 것) 1개
- ☐ 단무지 또는 씻은 김치 약간
- ☐ 김가루 2큰술
- ☐ 김 1장
- ※ ½씩 잘라서 사용
- ☐ 마요네즈 ½큰술
- ☐ 참기름 1큰술

양념

- ☐ 진간장 ⅔큰술
- ☐ 시판용 후리카케 3큰술

시판 후리카케와 고소한 참기름으로 맛을 낸 간단하면서도 맛있는 주먹밥 레시피예요.

1 참치 캔은 기름을 빼고 준비합니다(선택).

2 배달 음식을 시켜 먹고 남은 단무지를 3~4개 정도 잘게 썰어줍니다.

3 볼에 밥과 후리카케 3큰술, 참기름 1큰술, 진간장 ⅔큰술을 넣어주세요.

4 밥 위에 잘게 다진 단무지와 마요네즈 ½큰술, 김가루 2큰술을 넣어주세요.

5 ④를 잘 섞어준 뒤 밥을 얇게 편 다음 참치를 중간에 넣어주세요.

6 삼각형으로 주먹밥을 만들고 김을 붙여 완성합니다.

밥버거

썰맨 TIP		
	재료	뜨거운 밥에 수분이 많을 경우 밥을 쟁반이나 접시 위에 얇게 펴서 수분을 날리면 좀 더 완성도 높게 만들 수 있습니다. 밥을 프라이팬에 구워 버거 번처럼 사용하면 식감 좋은 밥버거를 만들 수 있어요.
	냉털	냉장고에 있는 신 김치를 들기름에 볶거나 남은 삼겹살 등을 잘게 썰어 바삭하게 익혀서 사용해도 좋습니다. 김가루가 없다면 김을 전자레인지에 살짝 돌려 수분을 날린 뒤 잘게 잘라 사용해도 좋아요.
	응용	볶은 김치를 밥 속에 넣어 김치마요주먹밥으로 만들면 간단하면서도 맛있는 한 끼를 먹을 수 있어요.
	요리	즉석밥이 아니라도 옴팍하고 낮은 그릇을 이용하면 쉽게 밥버거 번을 만들 수 있어요.

1인분

한국인은 밥심! 바쁜 아침 빵이 싫다면 간단한 스팸 밥버거로 한 끼 든든하게 해결해보세요.

필수 재료

- ☑ 즉석밥 2개
- ☐ 스팸 2조각
- ☐ 체더치즈 2장
- ☐ 김치 100g
- ☐ 소고기다시다 ⅓큰술
- ☐ 설탕 ⅓큰술
- ☐ 들기름 2큰술
- ☐ 기름 뺀 참치 2큰술
- ☐ 달걀 1개
- ☐ 마요네즈 1큰술
- ☐ 통깨 약간

양념

- ☐ 마요네즈 1큰술
- ☐ 후리카케 3큰술
- ☐ 진간장 ½큰술
- ☐ 참기름 1큰술
- ☐ 김가루 약간

1 볼에 즉석 밥 2개, 후리카케 3큰술, 진간장 ½큰술, 마요네즈 1큰술, 참기름 1큰술과 김가루 약간을 넣고 잘 비빕니다.

2 잘게 썬 김치에 들기름 2큰술과 다시다 ⅓큰술, 설탕 ⅓큰술을 넣고 타지 않게 수분을 날리듯 볶아주세요.

3 스팸 2조각을 앞뒤로 노릇하게 굽고 달걀프라이를 1개 만들어줍니다. 볼에 기름을 뺀 참치 2큰술, 마요네즈 1큰술을 넣고 비벼주세요.

4 용기에 랩을 깔고 ①의 양념한 밥을 넣고 꾹꾹 눌러 모양을 만들어주세요.

5 모양 잡은 밥 위에 스팸, 치즈, ②의 김치, ③의 기름 뺀 참치마요, 달걀프라이를 차례대로 올려주세요.

6 마지막으로 밥을 한번 더 얹고 통깨를 올린 뒤 랩으로 단단하게 모양을 잡아 잘라줍니다.

※ 햄을 밥버거 위에 올려도 좋지만 스팸을 잘게 다져 밥과 함께 버무려도 좋아요.

삼겹깐풍덮밥

썰맨 TIP

	재료	다양한 채소를 맘껏 이용하세요. 버섯도 좋고 청경채도 좋습니다. 삼겹살을 구울 때 대파 기름을 만들어서 사용해도 풍미가 좋습니다.
	냉털	냉장고에 쪽파가 없다고 깐풍덮밥을 포기하면 안 됩니다. 피망을 넣어도 좋고, 당근을 이용해도 좋으니 냉장고 속 재료를 응용하는 상상력을 발휘해보세요.
	응용	뜨거운 밥을 그냥 사용해도 좋지만 기름을 두른 팬에 올려 맛소금을 넣고 볶다가 빈자리에 달걀을 한두 개 넣어 스크램블하듯 익힌 후 밥과 섞으면 한층 더 고소하고 풍미 있는 삼겹깐풍덮밥을 만들 수 있어요.
	요리	양념을 넣고 물을 종이컵 기준 ¼ 정도를 조금씩 넣어가면서 볶으면 타지 않게 조리할 수 있습니다.

1인분

삼겹살과 깐풍기의 만남! 삼겹살을 이용해 안주를 겸한 든든한 한 끼 삼겹깐풍덮밥을 만들어볼까요?

필수 재료

☑ 밥 1공기
☐ 삼겹살 200g
☐ 양파 ½개
☐ 청양고추 2개
☐ 대파 또는 쪽파 약간
☐ 다진 마늘 1큰술
☐ 다진 생강 ¼큰술
☐ 식용유 약간
☐ 통깨 약간

양념

☐ 간장 2큰술
※ 굴소스 1큰술로 대체 가능
☐ 식초 1~2큰술(조절)
☐ 물 4큰술
☐ 올리고당 2큰술
☐ 설탕 1큰술
☐ 미원 ⅓큰술
☐ 후춧가루 약간

1 양파는 얇게 썰고 청양고추는 반으로 갈라 씨를 제거하고 세로로 길게 잘라주세요.

2 삼겹살은 먹기 좋은 크기로 자른 뒤 노릇하게 구워주세요.

3 팬에 식용유를 두른 뒤 다진 마늘, 다진 생강을 넣어 볶아주세요.

4 ③에 ①의 썰어놓은 양파, 청양고추를 넣고 볶다가 분량의 양념을 넣습니다.

5 끓기 시작하면 노릇하게 구운 삼겹살을 넣고 볶아주세요.

6 그릇에 밥을 담고 삼겹깐풍을 올린 뒤 썰어놓은 쪽파와 통깨를 약간 뿌려 완성합니다.

애호박덮밥

썰맨 TIP

	재료	애호박덮밥을 만들 때는 주키니 호박보다 속이 약간 더 단단해서 덮밥을 만들기 좋은 인큐 애호박을 구입하세요. 너무 잘 익은 호박은 속이 물러서 볶으면서 흐물해질 수 있으니 단단한 호박으로 골라야 합니다.
	냉털	된장찌개를 끓일 때 남은 호박을 잘라서 비닐 팩에 넣은 뒤 냉동 보관했다가 그때그때 사용하면 편리하게 재료를 이용할 수 있습니다.
	응용	애호박볶음은 불 조절이 생명입니다. 만일 약한 불에 물이 많이 생겼다면 껍질을 깐 들깻가루(거피 들깻가루)를 1큰술 이하로 넣으면 수분을 잡은 꾸덕한 호박볶음덮밥을 만들 수 있어요.
	요리	호박을 넣기 전 프라이팬을 달궈서 열을 최고치까지 올린 뒤 조리해야 물이 생기지 않습니다.

2인분

담백하면서도 달큰하고 부드러운 애호박덮밥입니다.

필수 재료

- ☑ 애호박 1개
- ☐ 양파 ½개
- ☐ 밥 2공기
- ☐ 다진 소고기 150g(선택)
- ☐ 식용유 1큰술
- ☐ 고춧가루 1큰술
- ☐ 들기름 1큰술
- ☐ 다진 마늘 ⅓큰술
- ☐ 달걀 2개
- ☐ 통깨 약간

양념

- ☐ 새우젓 1큰술
- ☐ 미원 1작은술(선택)

1 프라이팬에 식용유를 두르고 달걀프라이 2개를 만들어 주세요.

2 사용한 팬에 다진 마늘 ⅓큰술, 다진 소고기 150g(선택)을 넣고 볶아서 식혀주세요.

3 다른 팬에 들기름 1큰술을 두르고 깍둑 썬 애호박과 채 썬 양파를 넣어 타지 않게 볶아주세요.

※ 양파의 숨이 너무 죽지 않도록 주의하세요.

4 새우젓 1큰술, 미원 1작은술(선택), 고춧가루 1큰술을 넣어 타지 않게 볶다가 ②에서 볶아 놓은 소고기를 넣고 섞듯이 볶은 뒤 부족한 간은 새우젓으로 맞춰주세요.

5 밥을 준비한 뒤 애호박볶음과 달걀프라이를 올린 다음 통깨를 약간 뿌려 완성합니다.

양파가쓰동

썰맨 TIP

	재료	양파 위에 뿌린 소스 위에 돈가스를 올려서 한번 더 끓여야 하기 때문에 돈가스를 너무 바삭하게 익힐 필요는 없어요.
	냉털	돈가스 대신 차돌박이나 우삼겹 등으로 조리해보세요.
	응용	돈가스 대신 불고기를 이용하면 풍미 있는 일본식 불고기규동을 만들 수 있어요.
	요리	냉동 돈가스를 이용할 때 기름에 튀기는 것도 좋지만 에어프라이어에 180℃로 13~15분간 조리한 뒤 한번 더 뒤집으면 바삭해져요.

1인분

간장소스로 맛을 낸 촉촉한 일본식 한 그릇 요리, 양파가쓰동을 만들어볼 게요.

필수 재료

- ☑ 밥 1공기
- ☐ 양파(중간 크기) ½개
- ☐ 달걀 2개
- ☐ 냉동 돈가스 2장(150g)
- ☐ 간장 3큰술
- ☐ 설탕 2큰술
- ☐ 맛술 3큰술
- ☐ 쪽파 약간
- ☐ 가쓰오부시 약간(선택)
- ☐ 물 ⅓컵
- ☐ 식용유 약간

1 돈가스는 기름에 굽거나 튀겨서 잘라주세요.

2 양파 ½개는 채 썰어서 준비한 뒤 팬에 간장 3큰술, 맛술 3큰술, 설탕 2큰술, 물 ⅓컵(종이컵 기준)을 넣고 양파를 그 위에 얹어주세요.

3 소스가 끓기 시작하면 ①의 돈가스를 올려주세요.

4 달걀 2개를 풀어서 돈가스 주변에 둘러주고 익힙니다.

5 그릇에 밥을 담고 그 위에 만들어놓은 재료를 올린 뒤 가쓰오부시와 쪽파를 뿌려 완성합니다.

고추참치덮밥

썰맨 TIP

	재료	밥 양에 따라 고추참치 양을 조절하세요.
	냉털	냉장고 안에 있는 감자나 양파 등을 캔 옥수수 대신 사용해도 됩니다.
	응용	어린아이들이 매운 것을 먹기 어려워할 경우, 청양고추를 빼고 고추장과 케첩, 설탕을 1:1:1로 섞어서 사용하면 맵지 않게 만들 수 있어요.
	요리	아보카도 1개를 썰어서 올리면 훨씬 더 고급스러운 고추참치덮밥을 만들 수 있어요.

1인분

고추참치와 청양고추를 이용해 간단한 한 끼 덮밥을 만들어볼게요.

필수 재료

- ☑ 밥 1공기
- ☐ 고추참치 1캔
- ☐ 달걀 2개
- ☐ 식용유 약간
- ☐ 맛소금 약간
- ☐ 청양고추 1개
- ☐ 캔 옥수수 1큰술
- ☐ 들기름 1큰술
- ☐ 쪽파채 또는 대파채 약간
- ☐ 통깨 약간

양념

- ☐ 간장 ⅓큰술
- ☐ 고추장 ½큰술
- ☐ 맛술 1큰술
- ☐ 설탕 ⅓큰술

1 청양고추 1개를 얇게 송송 썰고, 캔 옥수수는 물기를 빼서 준비해주세요.

2 볼에 달걀 2개와 맛소금 약간을 넣어 달걀물을 만든 후 식용유를 두른 프라이팬에 부어 스크램블드에그를 만듭니다.

3 ②의 달걀을 덮밥 접시에 올린 뒤 밥을 올려주세요.

4 팬에 들기름 1큰술을 두르고 잘라놓은 청양고추와 캔 옥수수를 넣고 타지 않게 살짝 볶아줍니다.

5 ④에 고추참치를 밥 양에 맞게 적당히 넣고 분량의 양념 재료를 넣은 뒤 섞듯이 약한 불로 익혀주세요.

※ 강한 불로 조리하면 타기 때문에 약한 불로 익히세요.

6 볶아낸 고추참치를 밥 위에 올린 뒤 쪽파채와 통깨를 약간 뿌려 마무리합니다.

콩나물볶음밥

썰맨 TIP

	재료	콩나물은 얇은 곱슬이 콩나물보다 두꺼운 일자 콩나물이 통통해서 식감이 좋아요. 양파나 버섯 또는 호박 등 채소를 이용해도 좋습니다.
	냉털	냉동실에 얼려둔 다진 채소나 채소칸의 양파, 호박 등을 잘게 잘라 넣어도 좋아요.
	응용	텁텁한 맛이 싫다면 고추장을 빼고 조리해보세요. 무거웠던 맛이 훨씬 더 경쾌해집니다.
	요리	콩나물을 굳이 삶지 않아도 만들 수 있는 방법! 콩나물을 중약불로 쪄내면 식감도 더욱 좋고 콩나물의 아스파라긴산이 물에 희석되지 않아 더욱 맛있는 콩나물볶음밥을 만들 수 있어요.

1인분

콩나물의 식감을 살려 아삭한 콩나물볶음밥을 만들어볼게요.

필수 재료

- ☑ 콩나물 크게 1줌
- ☐ 대파 1대
- ☐ 스팸 2조각
- ☐ 밥 1공기
- ☐ 달걀 1개(선택, 프라이용)
- ☐ 식용유 2큰술
- ☐ 김가루 약간(선택)
- ☐ 통깨 약간(선택)

양념

- ☐ 고추장 1큰술
- ☐ 고춧가루 1큰술
- ☐ 간장 1큰술
- ☐ 설탕 1작은술
- ☐ 맛술 1큰술
- ☐ 소고기 다시다 ⅓큰술
- ☐ 다진 마늘 ½큰술

1 콩나물을 끓는 물에 넣어 3~4분 정도 삶아 찬물로 씻은 뒤 채반에 밭쳐 물기를 빼주세요.

2 분량의 양념 재료를 모두 섞어서 준비해주세요.

3 프라이팬에 식용유 2큰술을 두르고 대파 1대를 송송 썰어 넣어 파기름을 내주세요.

4 타지 않게 파기름을 내준 뒤 잘게 다진 스팸을 넣고 볶아주세요.

5 ②의 양념을 넣고 타지 않게 한번 더 볶은 뒤(양념장 양으로 간 조절) 불을 끄고 밥을 넣어 잘 비벼주세요.

6 삶은 콩나물을 넣은 뒤 불을 켜고 섞듯 볶아서 완성합니다.

※ 취향에 따라 달걀프라이나 김가루, 통깨를 올려주세요.

명란덮밥

썰맨 TIP

	재료	명란은 양념된 명란 또는 백명란 모두 상관없어요.
	냉털	냉장고 속 잠들어 있는 간장게장, 양념게장의 살을 발라서 만들어보세요. 맛이 일품입니다.
	응용	명란이 없다면 참치 캔의 기름을 빼 똑같은 방식으로 만들어보세요. 참치에 마요네즈, 참기름까지 넣으면 더욱 고소한 참치마요덮밥이 완성됩니다.
	요리	명란에 간이 되어 있기 때문에 너무 많이 넣으면 염도가 너무 높아 명란덮밥 특유의 향긋함을 느낄 수 없어요. 명란의 염도에 따라 양을 조절해주세요. 명란이 짜다면 달걀을 간하지 말고 스크램블드해서 올려주세요.

1인분

아미노산을 듬뿍 함유한 명란덮밥 한 그릇 뚝딱 만들어볼게요.

필수 재료

- ☑ 밥 1공기
- ☐ 아보카도 1개
- ☐ 저염 명란젓 3개
- ☐ 달걀 1개
- ☐ 마요네즈 1큰술
- ☐ 식용유 1~2큰술
- ☐ 청양고추 1~2개
- ☐ 통깨 약간

1 청양고추 1~2개를 반으로 갈라 씨를 뺀 다음 잘게 다져주세요.

2 잘 익은 아보카도를 슬라이스해주세요.

3 저염 명란젓 1개는 껍질과 알을 분리해주세요.

4 껍질과 분리된 명란젓에 마요네즈 1큰술, 다진 청양고추를 넣어주세요.

5 팬에 식용유를 1~2큰술 넣어 나머지 명란 2개를 약한 불로 잘 구운 뒤 칼로 잘라주세요.

6 그릇에 밥을 넣고 ④의 명란 마요와 아보카도, 잘 익은 명란을 올리고 달걀프라이와 통깨로 마무리합니다.

삼겹차슈덮밥

	썰맨 TIP	
	재료	어떤 삼겹살이든 사용해도 상관없지만 지방층이 많은 부위를 이용하면 식감과 풍미가 부드러운 차슈덮밥을 만들 수 있습니다.
	냉털	돼지고기와 소고기 어떤 부위든지 먹기 좋은 크기로 잘라서 사용해보세요. 냉동실 비우기에 가장 좋은 메뉴입니다.
	응용	삼겹살 대신 스팸과 스크램블드에그를 이용하면 풍미 있는 맛으로 승화할 수 있어요.
	요리	삼겹살을 너무 바삭하게 구우면 수분과 지방이 빠져 식감이 단단해서 덮밥으로 먹기 힘들어요. 80~90% 정도 익히고 잔열로 나머지를 익혀야 맛있는 차슈덮밥을 만들 수 있습니다.

1.5인분

삼겹살을 이용한 깔끔 담백한 삼겹차슈덮밥에 도전해보세요.

필수 재료

- ☑ 밥 1공기
- ☐ 대패 삼겹살 200g
- ☐ 편 마늘 2쪽
- ☐ 송송 썬 대파 또는 쪽파 ½큰술
- ☐ 양파 ½개
- ☐ 후춧가루 약간
- ☐ 통깨 약간

양념

- ☐ 단맛 나는 맛술 2큰술 (미림)
- ☐ 물 ½컵(종이컵 기준)
- ☐ 설탕 1큰술
- ☐ 굴소스 1큰술
- ☐ 후춧가루 약간

1 분량의 재료로 양념을 만들어주세요.

※ 간이 부족하다면 간장을 조금 더 넣어주세요.

2 프라이팬에 삼겹살과 후춧가루를 넣고 타지 않게 잘 구워주세요.

※ 삼겹살의 길이나 크기가 크다면 먹기 좋은 크기로 잘라주세요.

3 삼겹살이 어느 정도 익으면 양파를 채 썰어 넣고 편 마늘을 넣은 뒤 볶아주세요.

4 ③에 분량의 양념을 넣고 끓여주세요.

5 밥을 그릇에 담고 ④의 차슈와 양파를 올려주세요.

6 쪽파채와 통깨를 약간 올려 마무리합니다.

※ 시중에 판매되는 맛술은 신맛이 나요. 미림만 단맛 나는 맛술입니다.

다시다채소볶음밥

	썰맨 TIP	
	재료	다시다볶음밥은 채소 없이 달걀만으로도 만들 수 있는 간단한 요리입니다. 대파와 달걀만으로도 가능할 만큼 쉬우니 꼭 한번 만들어보세요.
	냉털	애호박, 버섯 등 냉장고 속 재료를 이용해도 좋습니다.
	응용	3분 짜장이나 카레 등 즉석 레토르트식품을 이용하면 중국집 못지않은 볶음밥을 만들 수 있어요.
	요리	집에서도 중국집 불 맛을 내고 싶다면 시중에 판매하는 화유(불 맛 기름)를 조금 넣으면 어느 정도 흉내 낼 수 있어요.

1인분

집 나간 입맛 사로잡은 감칠맛 폭발 다시다채소볶음밥입니다.

필수 재료

- ☑ 밥 1공기
- ☐ 들기름 1큰술
- ☐ 스팸 2조각
- ☐ 달걀 2개
- ☐ 송송 썬 대파 1큰술
- ☐ 양파(작은 것) ½개
- ☐ 당근 약간
- ☐ 통깨 약간
- ☐ 후춧가루 약간
- ☐ 케첩 약간(선택)
- ☐ 3분 짜장(선택)

양념

- ☐ 다시다 ⅓큰술

※ 맛소금이나 굴소스로 대체 가능

1 대파는 송송 썰고, 양파와 당근은 작게 깍둑 썰고, 스팸은 먹기 좋은 크기로 잘라주세요.

2 프라이팬에 들기름을 두르고 대파를 넣어 30초 정도 볶아 향을 낸 다음, 스팸과 손질한 양파, 당근을 넣고 볶다가 살짝 익으면 불을 줄여주세요.

3 밥과 다시다 ⅓큰술을 간을 보면서 조절해서 넣고 볶습니다.

4 밥을 한쪽으로 몰아놓은 뒤 달걀 2개를 풀어 밥과 섞이지 않게 스크램블해줍니다.

5 스크램블드에그가 완성되면 불을 끄고 밥과 타지 않게 잘 섞듯 볶습니다.

6 그릇에 볶음밥을 담고 통깨와 후춧가루를 뿌린 뒤 기호에 따라 케첩(선택)이나 3분 짜장(선택) 등과 곁들여 드세요.

※ 가정용 가스레인지나 인덕션은 중화요리를 완벽하게 구현할 만큼 화력이 강하지 않기 때문에 1인분씩 조리하는 것을 추천해요.

대패제육덮밥

썰맨 TIP

	재료	얇은 돼지고기면 어떤 부위를 사용해도 무방합니다.
	냉털	먹다 남은 삼겹살이 두꺼운 경우엔 한입 크기로 작게 잘라 넣으면 됩니다.
	응용	굴소스가 없다면 진간장을 사용해도 됩니다.
	요리	대패 삼겹살을 너무 바삭하게 익히면 식감이 좋지 않으니 불 세기를 적당히 조절하며 익혀주세요.

1인분

대패 삼겹살을 이용해 식당 맛을 그대로 재현한 제육덮밥입니다.

필수 재료

- ☑ 밥 1공기
- ☐ 대패 삼겹살 150~200g
- ☐ 대파 ¼대
- ☐ 양파 ¼개
- ☐ 통깨 약간

양념

- ☐ 고춧가루 ½큰술
- ☐ 매운 고춧가루 ½큰술
- ☐ 고추장 ½큰술
- ☐ 굴소스 ⅓큰술
- ☐ 설탕 1큰술
- ☐ 물 ⅓컵
- ☐ 다진 마늘 ¼큰술
- ☐ 후춧가루 약간
- ☐ 미원 약간

1 대파는 어슷 썰고, 양파는 채 썰어주세요.

2 분량의 재료로 양념을 만들어둡니다.

※ 기호에 따라 청양고추를 얇게 송송 썰어 넣으면 청량감이 좋습니다.

3 대패 삼겹살을 타지 않게 70% 정도 익힌 뒤 기름을 따라내세요.

4 만들어놓은 양념을 넣고 잘 배어들도록 섞듯이 타지 않게 볶습니다.

5 프라이팬에 양파와 대파를 넣어 살짝 볶습니다.

6 접시에 밥을 올린 뒤 만들어놓은 제육볶음을 올리고 통깨를 뿌려 완성합니다.

두반장순두부덮밥

썰맨 TIP		
	재료	순두부가 없다면 일반 두부의 물기를 빼서 사용해보세요.
	냉털	소고기도 좋고 돼지고기도 좋아요. 다진 고기가 아니라면 잘게 썰어서 냉장고를 비워보세요.
	응용	기름에 두부를 튀겨서 사용하면 다이어트식 겉바속촉 마파두부덮밥을 만들 수 있습니다.
	요리	식용유 대신 고추기름을 사용하면 더욱 칼칼한 순두부덮밥을 만들 수 있어요.

2인분

※ 밥을 제외한 재료와 양념 분량

필수 재료

☑ 순두부(작은 것) 1개
☐ 밥 1공기
☐ 양파 1개(작은 것)
☐ 송송 썬 대파 2큰술
☐ 느타리버섯 약간(선택)
☐ 베트남 고추 약간(선택)
※ 베트남 고추가 없을 경우 마른 고추로 대체 가능
☐ 다진 고기 200g
☐ 식용유 3큰술
☐ 후춧가루 약간
☐ 소금 약간
☐ 매운 고춧가루 1큰술(선택)

양념

☐ 두반장 1+½큰술
☐ 설탕 1큰술
☐ 굴소스 1큰술
☐ 치킨 스톡 ½큰술
☐ 고추기름 1큰술
☐ 다진 마늘 ½큰술
☐ 참기름 약간

전분물

☐ 전분 1큰술
☐ 물 ⅓컵
※ 물 ⅓컵에 풀어서 전분물을 만듭니다.

부드러운 순두부와 매콤한 소스가 어우러진 두반장순두부덮밥을 만들어볼게요.

1 대파는 송송 썰고 양파는 채 썰어주세요.

2 프라이팬에 식용유를 두르고 파와 다진 마늘 ½큰술을 넣어서 타지 않게 향을 낸 뒤 다진 고기와 후춧가루, 소금으로 밑간해 같이 볶아주세요.

※ 파 향을 낼 때 마른 고추도 함께 볶으면 좋아요.

3 고기가 90% 정도 익었을 때 두반장을 넣어 버무리듯 약한 불로 볶아주세요. 그런 다음 설탕을 1큰술 넣은 뒤 치킨 스톡과 굴소스, 고추기름을 넣어 한 번 더 볶습니다.

4 물 1컵을 넣고 끓기 시작하면 양파와 느타리버섯, 순두부 1개를 넣고 한소끔 끓여주세요.

※ 매운맛을 좋아하면 매운 고춧가루 1큰술 이하를 넣어주세요.

5 전분물을 넣고 걸쭉하게 끓여주세요. 참기름이나 불 향 고추기름을 둘러 마무리합니다.

6 넓고 오목한 접시에 밥을 담고 ⑤를 위에 올리면 됩니다.

해시브라운볶음밥

썰맨 TIP

재료	해시 브라운은 겉면이 튀겨진 상태라 프라이팬에서 잘 으깨지지 않아요. 조리하기 전 전자레인지에 3분 정도 해동한 뒤 칼로 작게 잘라주세요.
냉털	냉장고 속 채소를 모아서 똑같은 방식으로 만들어도 좋아요.
응용	해시 브라운이 없다면 감자를 잘게 다져서 넣어도 맛있어요.
요리	해시 브라운에 기본 간이 되어 있기 때문에 간하지 않은 밥과 해시 브라운을 함께 먹어본 뒤 굴소스와 소금으로 간을 조절하면 좋아요.

1인분

냉동 해시 브라운을 이용한 충격적인 맛의 해시브라운볶음밥.

필수 재료

- ☑ 밥 1공기
- ☐ 냉동 해시 브라운 3개
- ☐ 대파 약간
- ☐ 스팸 2장
- ☐ 캔 옥수수 3큰술
- ☐ 버터 1큰술
- ☐ 달걀 1개
- ☐ 김가루 약간(선택)

양념

- ☐ 굴소스 1큰술
- ☐ 후춧가루 약간
- ☐ 꽃소금 약간(선택)

1 냉동 해시 브라운을 전자레인지에 돌려 해동한 뒤 칼로 잘게 다져주세요.

2 프라이팬에 버터를 두르고 송송 썬 대파를 넣고 한번 볶습니다.

3 잘게 다진 해시 브라운과 캔 옥수수 3큰술을 넣고 잘 볶아주세요.

4 잘라놓은 스팸도 함께 넣어 볶아줍니다.

※ 화력에 따라 기름이 모자라면 식용유를 조금 넣어주세요.

5 밥을 넣고 굴소스와 후춧가루로 간해 볶은 뒤 모자란 간은 꽃소금으로 조절하세요(선택).

6 공기에 ⑤를 담은 뒤 달걀 프라이를 부쳐 올리고 기호에 따라 김가루를 뿌려 마무리합니다.

시금치덮밥

썰맨 TIP

	재료	시금치는 크기와 종류에 따라 양이 천차만별입니다. 1인분 양에 맞게 적당량을 사용하세요.
	냉털	냉장고에 없어서는 안 될 달걀로 이국적인 시금치덮밥에 도전해보세요.
	응용	시금치 대신 청경채 같은 채소나 나물로 응용해서 만들 수 있어요.
	요리	시금치는 열을 가하면 숨이 금방 죽으니 오버 쿡되지 않도록 주의하세요.

2인분

※ 밥을 제외한 재료와 양념 분량

필수 재료

☑ 밥 1공기
☐ 시금치 ½단
☐ 다진 소고기 100g
☐ 청양고추 ½개
☐ 홍고추 ½개
☐ 마늘 2톨
☐ 식용유 1큰술
☐ 참기름 약간
☐ 통깨 약간
☐ 달걀 1개(선택)

양념

☐ 굴소스 1큰술
☐ 설탕 1큰술
☐ 진간장 1큰술
☐ 후춧가루 약간

건강하고 신선한 시금치와 고소한 덮밥의 만남.

1 시금치는 깨끗이 손질해 한입 크기로 자르고, 청양고추와 홍고추는 잘게 다지고, 마늘 2톨도 편 썰어 다져줍니다.

2 식용유를 두른 프라이팬에 마늘을 으깨 넣고 타지 않게 살짝 볶아주세요.

3 소고기를 넣어 80% 정도 볶아줍니다.

4 ③에 손질해둔 홍고추와 청양고추를 넣어주세요.

5 ④에 한입 크기로 손질한 시금치를 넣고 강하고 빠르게 숨을 죽이듯 볶아주세요.

6 준비된 양념 재료를 순서대로 넣은 뒤 양념이 잘 섞이도록 볶아준 다음 참기름과 통깨를 넣어 완성합니다. 넓고 오목한 접시에 밥을 넣고 올려주면 완성됩니다.

※ 기호에 따라 달걀프라이를 곁들입니다.

※ 시금치는 흙이 많이 묻어 있어 꼼꼼하게 씻지 않으면 흙냄새가 올라오니 깨끗하게 세척해서 사용하세요.

김치볶음밥

썰맨 TIP

	재료	김치볶음밥에는 배추김치를 사용하는 게 좋아요. 다른 김치를 넣으면 식감이나 맛이 달라져 원하는 결과를 얻을 수 없습니다.
	냉털	냉장고 속 묵은 김치를 소진하기에 가장 좋은 메뉴가 바로 김치볶음밥이죠.
	응용	햄이 없을 때는 삼겹살을 볶아서 이용해도 좋아요.
	요리	김치볶음밥의 핵심은 들기름입니다. 참기름 말고 꼭 들기름을 이용해보세요. 참기름 맛과는 비교가 안 됩니다.

1인분

다시다와 미원으로 맛을 낸 간단한 식당 맛 김치볶음밥 레시피입니다.

필수 재료

☑ 밥 1공기
☐ 잘 익은 김치 1컵(종이컵)
☐ 스팸 2장
☐ 달걀 1개
☐ 식용유 약간
☐ 통깨 약간

양념

☐ 소고기 다시다 ⅔큰술 이하
☐ 미원 ¼큰술
☐ 들기름 약간
☐ 설탕 ¼큰술(선택)
※ 신 김치인 경우

1 김치는 먹기 좋은 크기로 자르고 스팸도 작게 잘라주세요.

2 식용유를 두른 프라이팬에 스팸을 넣어 볶아줍니다.

3 햄이 60% 정도 볶아졌을 때 잘라놓은 김치를 넣어 타지 않게 볶아주세요.

4 밥 1공기를 넣은 뒤 불을 끈 채 잘 섞은 다음 소고기 다시다와 미원, 설탕(선택), 들기름을 넣고 한번 더 잘 섞어줍니다.

5 불을 켜고 중간 불로 올려 다시 한번 타지 않게 볶아줍니다.

6 그릇에 예쁘게 담은 뒤 달걀 프라이를 부쳐 올리고 통깨를 뿌려 완성합니다.

속까지 개운하게
해장할 수 있는
특급 비밀 레시피

part 02
국

김치콩나물국
떡국
얼갈이된장국
황태국(북엇국)
소고기뭇국
얼큰사골만둣국
중국집달걀국
미역국
간편육개장
족발집콩나물국
오이냉국
감잣국
배추된장국

김치콩나물국

썰맨 TIP		
	재료	김칫국은 신 김치 맛에 좌우된다고 해도 과언이 아니에요. 그런 만큼 김치를 잘 골라야 합니다.
	냉털	김치가 너무 많이 시었다면 흐르는 물에 한번 씻어 사용하세요.
	응용	오징어를 조금 다져 넣으면 콩나물김치해장국이 됩니다.
	요리	김칫국에 참기름을 한두 방울 떨어뜨리면 더욱 맛있게 먹을 수 있습니다.

2인분

매콤하고 시원한 김칫국을 아주 쉽게 만들 수 있는 방법을 알려드릴게요.

필수 재료

- ☑ 콩나물 1줌
- ☐ 멸치 국물 팩 1개
- ☐ 신 김치 ½컵(종이컵)
- ☐ 다진 마늘 ½큰술
- ☐ 송송 썬 대파 1큰술

양념

- ☐ 국간장 2큰술
- ☐ 멸치액젓 1~2큰술
- ☐ 꽃소금 ⅔큰술
- ☐ 매운 고춧가루(고운 것) ⅓큰술
- ☐ 고춧가루 ¼큰술
- ☐ 미원 ¼큰술(선택)

1 냄비에 물 800ml를 넣고 끓이다 멸치 국물 팩을 넣어 5분간 더 끓입니다.

2 신 김치는 한입 크기로 먹기 좋게 자르고 대파도 송송 썰어 1큰술 준비합니다.

3 5분 뒤 멸치 국물 팩을 건져낸 뒤 잘라놓은 김치와 콩나물을 넣고 뚜껑을 연 채 끓입니다.

4 끓기 시작하면 국간장 2큰술, 멸치액젓 1~2큰술, 매운 고춧가루 ⅓큰술, 고춧가루 ¼큰술을 넣습니다.

5 다진 마늘을 넣은 뒤 간을 보고 꽃소금을 간 보면서 넣어주세요.

※ 식당 맛 김치콩나물국을 원한다면 미원을 ¼큰술 정도 넣으면 감칠맛과 풍미가 배가됩니다.

6 마지막으로 대파까지 넣고 불을 끈 뒤 국그릇에 담아 냅니다.

떡국

썰맨 TIP		
	재료	시중에서 파는 쌀떡은 딱딱하거나 잘 퍼지니 방앗간에서 판매하는 비닐 포장 팩으로 구매해야 맛있고 쫄깃해요.
	냉털	맛있는 떡국 떡을 냉동실에 소분해 보관하면 언제나 맛있는 떡국을 만들 수 있어요.
	응용	사골 육수를 넣으면 더욱 깊고 묵직한 떡국이 되고, 만두를 몇 개 넣으면 바로 떡만둣국이 됩니다.
	요리	1인분 양을 가늠하기 어려울 때는 국그릇에 떡을 ⅔ 정도 담아서 계량하세요.

2인분

한 그릇 먹고 나면 기운 나는 쫄깃한 떡국입니다.

필수 재료

☑ 떡국 떡 300g
☐ 국거리용 소고기 100g
☐ 국물용 팩 1개
☐ 송송 썬 대파 2큰술
☐ 달걀 2개
☐ 김가루 약간(선택)

양념

☐ 국간장 1큰술
☐ 멸치액젓 1큰술
☐ 꽃소금 ¼큰술(후간 조절)
☐ 후춧가루 약간(선택)
☐ 미원 ⅓큰술(선택)

1 떡국 떡은 미온수에 불려주세요.

2 달걀의 노른자와 흰자를 분리해 달걀 지단을 만들어 잘라주세요.

3 대파를 조금 얇게 송송 썰어 2큰술 정도의 양을 준비해주세요.

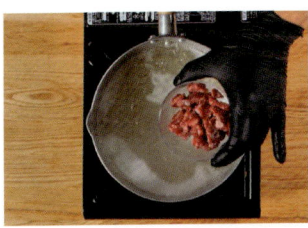

4 물 800ml에 국물용 팩을 넣어 5분간 가열한 뒤 물이 끓으면 건져낸 다음 국거리용 소고기를 넣어주세요.

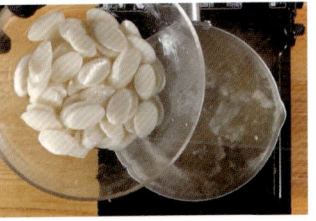

5 불린 떡국 떡을 넣은 뒤 국간장 1큰술, 멸치액젓 1큰술을 넣고 간을 본 뒤 꽃소금 ¼큰술을 넣어 간을 맞춰주세요.

※ 식당 맛에 가까운 풍미와 감칠맛이 부족하다면 미원 ⅓큰술과 후춧가루 약간을 넣으세요.

6 떡이 익을 때까지 끓인 뒤 그릇에 담고 달걀 지단과 대파를 올립니다.

※ 김가루를 올리면 더욱 맛있게 먹을 수 있습니다.

얼갈이된장국

썰맨 TIP		
	재료	얼갈이를 냉동실에 보관할 때는 꼭 짜는 것보다 흥건할 만큼 물기를 남겨 밀봉한 뒤 보관하는 것이 좋아요.
	냉털	냉장고 속 묵은 된장과 고추장을 소비할 수 있는 비장의 아이템이 얼갈이된장국입니다.
	응용	얼갈이된장국에 고추기름이나 두태기름, 국거리용 소고기, 선지 등을 넣으면 훌륭한 해장국이 됩니다.
	요리	국물용 팩에 새우가 없다면 새우가루를 1큰술 정도 넣어보세요. 풍미가 훨씬 좋아집니다.

2인분

개운하고 구수한 맛이 일품인 얼갈이된장국을 만들어볼게요.

필수 재료

- ☑ 얼갈이배추 ¼단(3~4개)
- ☐ 바지락 또는 조개 1대접
- ☐ 콩나물 1줌
- ☐ 소금 약간

양념

- ☐ 된장 2큰술
- ☐ 고추장 1큰술
- ☐ 다진 청양고추 1개
- ☐ 다진 마늘 ⅓큰술
- ☐ 매운 고춧가루 1큰술
- ☐ 고춧가루 1큰술
- ☐ 새우가루 ⅓큰술
- ☐ 미원 ⅓큰술
- ☐ 꽃소금 약간(후간 조절)
- ※ 간을 보며 추가해주세요.
- ☐ 조개 다시다 ⅔큰술(선택)

1 손질한 얼갈이배추는 소금을 넣어 끓인 물에 3분간 살짝 데쳐주세요.

2 삶은 얼갈이는 찬물에 여러 번 헹군 뒤 물기를 짜 볼에 담습니다.

※ 남은 얼갈이는 소분해 냉동 보관하세요.

3 ②에 분량의 양념 재료를 넣어 잘 배도록 무쳐주세요.

※ 청양고추는 다져서 넣어주세요.

4 냄비에 물 800ml를 담아 바지락이나 조개 등을 넣고 10분간 팔팔 끓인 뒤 껍질과 조갯살을 분리합니다.

※ 콩나물 비린내 방지를 위해 뚜껑을 열고 조리했다면 끝까지 열고 조리하고, 뚜껑을 닫고 조리했다면 뚜껑을 닫고 충분히 콩나물을 익힌 후에 조리하는 게 원칙입니다.

5 ④에 ③에서 무쳐놨던 얼갈이를 넣고 한소끔 끓여주세요.

6 끓기 시작하면 콩나물을 넣어 완성합니다.

※ 식당 맛을 원한다면 조개 다시다 ⅔큰술을 양념에 넣고 숙성하면 됩니다.

황태국(북엇국)

썰맨 TIP

	재료	황태가 너무 딱딱할 때는 달걀물에 바로 담그는 것보다 물에 10~20분 정도 담갔다가 사용하면 부드러워져요.
	냉털	냉장고에 콩나물이 있다면 함께 넣고 끓이면 국물이 더 시원해져요.
	응용	북어 대신 바지락이나 홍합을 넣으면 시원하고 맑은 조개탕으로 응용할 수 있습니다. 무 양을 줄이고 콩나물을 넣어서 끓이면 시원한 콩나물북엇국이 됩니다.
	요리	황태국에 껍질을 벗긴 들깻가루를 약간 넣어보세요. 깊은 맛과 고소함이 배가됩니다.

2인분

담백하면서도 구수한 풍미가 일품인 황태국을 만들어볼게요.

필수 재료

- ☑ 황태채 80g
- ☐ 무 2조각
- ☐ 달걀 2개
- ☐ 후춧가루 약간
- ☐ 대파 1대
- ☐ 소금 약간

양념

- ☐ 들기름 2큰술
- ☐ 국간장 2큰술
- ☐ 멸치액젓 2큰술
- ☐ 미원 ⅓큰술
- ☐ 꽃소금 ⅓큰술(후간 조절)

1 달걀 2개를 볼에 풀어 넣고 소금을 넣어 간해주세요.

2 ①에 한입 크기로 자른 황태채를 담가주세요.

3 무는 나박 썰고 대파는 송송 썰어 준비합니다.

4 물 800ml를 끓여 자른 무를 넣고 국간장 2큰술, 멸치액젓 2큰술, 미원 ⅓큰술을 넣어 끓여주세요.

5 ④에 ②의 황태를 넣은 뒤 휘젓지 말고 그대로 익혀주세요.

6 대파와 들기름 2큰술, 후춧가루 약간으로 마무리합니다.

※ 간이 부족하면 꽃소금으로 맞춰주세요.

소고기뭇국

썰맨 TIP

	재료	무는 가을무가 맛있어요. 저장 무보다 햇무가 맛있으니 가을 보양식 소고기뭇국에 도전해보세요.
	냉털	냉동고 속 소고기를 해동할 땐 전자레인지에 돌리는 것보다 포장된 상태로 미온수에 담그거나 자연 해동해서 사용하는 것이 좋아요.
	응용	소고기뭇국에 버섯, 숙주, 고추기름과 고춧가루 등을 더하면 칼칼한 육개장으로도 만들 수 있어요.
	요리	소고기와 무를 함께 볶으면 요리 시간도 줄어들지만 무와 고기에 밴 감칠맛과 단맛이 국물 맛을 더욱 풍미 있게 해줍니다. 단, 너무 오래 볶지 마세요.

2인분

소고기와 무의 절묘한 만남에 감탄이 절로 나오는 뜨끈한 한 그릇.

필수 재료

- ☑ 무 1조각
- ☐ 국거리용 소고기 100g
- ☐ 대파 ½대
- ☐ 후춧가루 약간

양념

- ☐ 국간장 2큰술
- ☐ 참치액 1큰술
- ☐ 다진 마늘 1큰술
- ☐ 참기름 2큰술
- ☐ 소고기 다시다 ⅔큰술(선택)

1 무는 나박 썰고 대파는 송송 썰어 준비해주세요.

2 냄비에 참기름 2큰술을 넣은 뒤 무와 국거리용 소고기를 차례대로 넣은 다음 살짝만 볶아주세요.

3 살짝 익으면 국간장 2큰술, 참치액 1큰술을 넣어 볶습니다.

4 물 800ml를 부은 뒤 뚜껑을 닫고 무가 익을 때까지 끓입니다.

5 무가 익으면 다진 마늘 1큰술, 후춧가루 약간, 썰어둔 대파를 넣고 조금 더 끓여서 완성합니다.

※ 식당 맛을 원한다면 소고기 다시다 ⅔큰술로 풍미를 조절하세요.

얼큰사골만둣국

썰맨 TIP

재료	사골 육수는 간이 된 제품과 안 된 제품이 있습니다. 확인해보고 간이 되어 있지 않은 사골 육수는 멸치액젓이나 진간장, 소금으로 간하세요.
냉털	냉동고 속에 잠들어 있는 냉동 만두는 담백하게 끓이는 것보다 약간 자극적으로 만들면 특유의 향을 잡을 수 있고 풍미가 강해져요.
응용	물을 조금 더 넣고 칼국수 면을 넣으면 칼만둣굿이 뚝딱 완성됩니다.
요리	사골 육수에 고추장을 너무 많이 넣으면 텁텁해지면서 장국 맛으로 바뀐다는 점을 유의하세요. 텁텁한 느낌 없이 짬뽕 국물 스타일을 원한다면 고추장을 빼고 진간장 1+½큰술과 미원 약간을 넣고 후춧가루로 마무리하면 국물이 개운해집니다.

1인분

담백하고 평범한 만둣국은 이제 그만. 지금은 얼큰만둣국이 대세!

필수 재료

- ☑ 김치만두 5~6개
- ☐ 사골 육수 300ml
- ☐ 크게 썬 대파 1큰술
- ☐ 고추기름 2큰술
- ☐ 쌀떡 1줌
- ☐ 달걀 1개
- ☐ 송송 썬 대파 1큰술
- ☐ 꽃소금 약간(선택)
- ☐ 김가루 약간(선택)

양념

- ☐ 매운 고춧가루 1큰술
- ☐ 고춧가루 1큰술
- ☐ 고추장 ½큰술
- ☐ 설탕 ⅓큰술
- ☐ 멸치액젓 1큰술
- ※ 새우젓 국물로 대체 가능
- ☐ 다진 마늘 ½큰술

1 프라이팬에 고추기름 2큰술을 두르고 크게 썬 대파를 넣은 뒤 분량의 양념 재료를 차례대로 넣은 다음 볶아주세요.

※ 이때 양념이 타지 않게 준비된 육수나 물을 아주 조금 넣고 볶아주세요.

2 볶은 양념에 사골 육수 300ml와 물 200ml를 넣어주세요.

3 육수가 끓어오르기 시작하면 쌀떡을 먼저 넣어 끓이다 육수가 다시 끓어오르면 만두 5~6개를 넣어주세요.

4 약 3~4분간 끓인 뒤(만두에 따라 다름) 달걀노른자만 다소곳이 넣고 휘젓지 않습니다.

※ 노른자를 넣을 때 간 조절이 필요하면 꽃소금을 약간 넣어주세요.

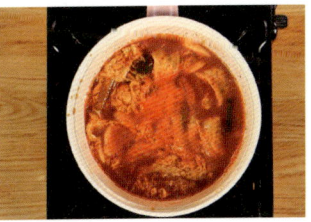

5 달걀이 어느 정도 익어갈 때쯤 송송 썬 대파 1큰술을 넣어 마무리합니다.

※ 김가루를 올리면 풍미가 더 좋아집니다.

중국집달걀국

썰맨 TIP		
	재료	아무런 재료가 없어도 달걀은 한두 개 정도 남아 있는 재료죠. 달걀은 적은 양으로도 많은 양의 요리를 만들 수 있는 재료가 아닐까 싶습니다.
	냉털	달걀은 유통기한이 긴 식재료 중 하나입니다. 한 달 이상만 넘지 않았다면 괜찮아요.
	응용	달걀탕에 대파 대신 부추를 넣어보세요. 부추는 피를 맑게 해주고 국물 맛을 고급스럽게 바꿔줘요.
	요리	달걀물을 국물에 넣을 땐 팔팔 끓는 상태에서 조금씩 바깥쪽에서 안쪽으로 원을 그려가며 넣어야 합니다.

2인분

시원한 국물 맛이 일품인 세상 간단한 달걀국 레시피를 소개합니다.

필수 재료

☑ 멸치 국물팩 1개

※ 또는 시판용 멸치 밑국물 원액 2큰술

☐ 달걀 3개

☐ 송송 썬 대파 2큰술

※ 또는 송송 썬 쪽파 1큰술

양념

☐ 국간장 1큰술

※ 너무 많이 넣으면 국물 색이 까매져요

☐ 참치액 1~1+½큰술

☐ 멸치액젓 1큰술

☐ 미원 약간(선택)

☐ 꽃소금 약간

☐ 맛소금 약간(선택)

☐ 후춧가루 약간(선택)

1 대파는 얇게 송송 썰어 준비해주세요.

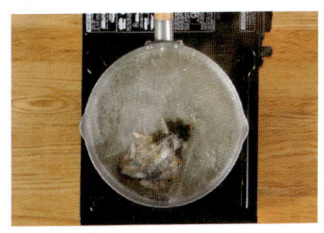

2 냄비에 물 700ml를 끓여 멸치 국물 팩을 넣고 5분간 끓인 뒤 건져냅니다.

※ 시판용 멸치 밑국물 사용 시 2큰술 정도 넣으세요.

3 볼에 달걀 3개와 꽃소금 약간을 넣은 뒤 잘 풀어서 준비해주세요.

4 ②의 국물이 끓기 시작하면 달걀물을 바깥쪽에서 안쪽으로 원을 그리듯이 풀어 넣어주세요.

5 국간장 1큰술, 참치액 1~1+½큰술, 멸치액젓 1큰술, 미원 약간(선택)으로 간을 맞춰주세요.

※ 간이 맞지 않을 경우 맛소금을 넣거나 기호에 따라 후춧가루를 뿌려주세요.

6 ①의 썰어둔 대파를 넣고 저어서 끓인 뒤 완성합니다.

미역국

썰맨 TIP		
	재료	미역은 산모용 미역과 스팀으로 한번 쪄서 건조하고 절단한 미역이 있어요. 많은 양을 끓이지 않는다면 자른 미역을 사용하는 게 좋아요.
	냉털	냉동실에 있는 해산물이나 고기를 기호에 맞게 넣으면 됩니다.
	응용	미역국에 들깻가루와 들기름을 넣으면 들깨미역국으로 즐길 수 있습니다.
	요리	자른 미역은 스팀에 한번 익힌 것이기 때문에 굳이 볶지 않아도 됩니다.

2인분

건강에 좋고 맛도 좋은 미역국을 짧은 시간에 맛있게 끓이는 방법을 알려드릴게요.

필수 재료

- ☑ 자른 미역 소주컵 2컵 분량
- ☐ 다진 마늘 1큰술
- ☐ 참기름 2큰술
- ☐ 간 양파 2큰술
- ☐ 꽃소금 약간(선택)

양념

- ☐ 국간장 2큰술
- ☐ 멸치액젓 1큰술
- ☐ 꽃소금 ⅓큰술 이하
- ☐ 미원 ¼큰술 이하

1 미역은 미온수에 넣고 30분간 불려주세요.

2 불린 미역의 물을 빼고 가위나 칼을 이용해 잘라주세요.

※ 이 과정이 귀찮다면 시판 자른 미역을 사용하세요.

3 ②의 미역을 냄비에 넣고 참기름 2큰술을 넣어 살짝 볶아주세요.

※ 너무 오래 볶으면 미역이 질겨집니다.

4 분량의 양념을 넣고 풍미와 감칠맛을 올려 한번 더 볶아주세요.

5 물 800ml를 넣고 끓여주다가 다진 마늘 1큰술, 갈아놓은 양파 2큰술을 넣은 뒤 간이 부족하면 꽃소금을 약간 더 넣어 마무리합니다(선택).

간편육개장

썰맨 TIP		
	재료	육개장의 기본인 숙주는 꼭 넣어주세요. 된장이 없을 때는 쌈장을 이용해도 좋아요.
	냉털	냉장실에 있는 무나 냉동실에 얼려놓은 고사리, 근대, 숙주 등을 넣으면 정통 육개장이 됩니다.
	응용	양념을 넣어 볶지 않고 재료를 무치듯 섞어서 숙성한 후 사용하면 담백한 육개장을 만들 수 있어요.
	요리	양념을 넣고 조리할 때 물을 약간 넣으면 타지 않아요.

2인분

대파를 이용해 깊이를 알 수 없는 시원 칼칼한 육개장을 만들어보세요.

필수 재료

☑ 국거리용 소고기 150g
☐ 식용유 4큰술
☐ 무 ½개
☐ 대파 ½대
☐ 숙주 크게 1줌
☐ 느타리버섯 약간
☐ 다진 마늘 1큰술
☐ 후춧가루 약간
☐ 꽃소금 약간(선택)

양념

☐ 국간장 2큰술
☐ 멸치액젓 1큰술
☐ 참치액 1큰술
☐ 고춧가루 1큰술
☐ 매운 고춧가루 2큰술
☐ 된장 ⅓큰술
☐ 설탕 ⅓큰술
☐ 소고기 다시다 ½큰술 (선택)
☐ 미원 ½큰술(선택)

1 무는 나박 썰고 대파는 납작하게 썰어주세요. 느타리버섯은 손으로 잘게 찢어주세요.

2 냄비에 식용유 4큰술을 넣고 소고기와 나박 썬 무, 대파 순으로 넣고 살짝 볶아주세요.

3 냄비에 분량의 양념을 모두 넣고 한번 더 섞듯 타지 않게 볶아주세요(소고기 다시다, 미원은 선택).

※ 이때 물을 아주 약간 넣어 조리하면 타지 않습니다.

4 물 900ml를 넣고 끓이다 육수가 끓어오르면 느타리버섯과 숙주를 넣어주세요.

※ 간이 부족한 경우 꽃소금으로 간을 조절해주세요. 조미료를 사용하지 않을 땐 멸치 다시마 국물을 넣으세요.

5 ④에 다진 마늘 1큰술, 후춧가루 약간을 넣고 더 끓여 완성합니다.

※ 식용유 대신 고추기름이나 두태 기름을 사용하면 더욱 칼칼한 맛이 납니다.

족발집콩나물국

썰맨 TIP		
	재료	일반 곱슬이 콩나물보다 통통한 일자 콩나물이 식감과 맛이 좋아요.
	냉털	냉동실에 오징어가 있다면 작게 잘라서 넣어보세요. 식감과 풍미가 배가됩니다.
	응용	고춧가루를 넣지 않으면 아이들도 먹을 수 있는 맑은 콩나물국이 됩니다.
	요리	입맛 없을 때 신 김치를 송송 썰어 넣으면 김치콩나물국으로 즐길 수 있어요.

2인분

족발집에서 먹는 시원 칼칼한 콩나물국의 비법은 바로 이것!

필수 재료

☑ 콩나물 300g

※ 일자 콩나물 추천

☐ 멸치 국물 팩(소용량) 1개

※ 없으면 다시마 멸치 국물내기

☐ 손질한 국물용 대멸치 10마리

☐ 송송 썬 대파 2큰술

☐ 매운맛 고춧가루(고운 입자) 1큰술

☐ 바로 찧은 마늘 2톨 분량

※ 이번 레시피의 비법입니다.

☐ 꽃소금 약간(선택)

양념

☐ 국간장 2큰술

☐ 멸치액 1큰술

☐ 참치액 1큰술

☐ 미원 ⅓큰술(선택)

※ 다져놓은 마늘을 사용하지 않고 갓 찧은 마늘을 넣어야 국물이 시원해집니다.

1 콩나물은 깨끗이 씻고 대파는 송송 썰어 준비해주세요.

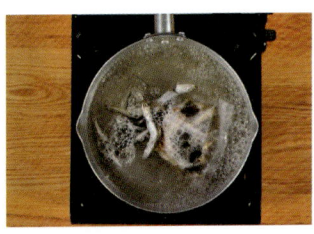

2 물 800ml에 멸치 국물용 팩과 국물용 대멸치를 넣고 5분간 끓여주세요.

3 멸치와 국물 팩을 건져낸 뒤 손질한 콩나물을 넣고 뚜껑을 닫은 다음 4~5분간 끓여주세요.

※ 콩나물 비린내 방지를 위해 뚜껑을 열고 조리했다면 끝까지 열고 조리하거나 뚜껑을 닫고 조리했다면 뚜껑을 닫고 충분히 콩나물을 익힌 후에 조리하는 게 원칙입니다.

4 분량의 양념을 순서대로 넣은 뒤 마늘 2톨을 바로 찧어서 넣어주세요.

※ 잘게 다져놓은 마늘을 사용하지 않는 것이 비법이에요.

5 매운맛 고춧가루를 1큰술 넣고 송송 썬 파를 넣은 뒤 한소끔 끓여 마무리합니다.

※ 간이 부족하면 꽃소금으로 조절해주세요.

오이냉국

	썰맨 TIP	
	재료	자른 미역은 스팀으로 익힌 것이기 때문에 삶거나 끓이지 않고 사용해도 무방합니다.
	냉털	냉동실에 있는 냉면 육수와 섞어서 사용하면 맛이 배가돼요.
	응용	오이가 없으면 미역만으로 미역냉국을 만들어보세요.
	요리	간이 배지 않은 오이를 싫어하는 분들은 오이를 소금에 살짝 절여 물기를 빼고 사용해보세요.

2인분

가슴속까지 시원해지는 초간단 오이냉국을 만들어보세요.

필수 재료

☑ 오이 1개

※ 크기에 따라 조절

☐ 자른 미역 1컵(소주컵)

☐ 청양고추 1개(선택)

☐ 홍고추 1/3개(선택)

☐ 통깨 약간

☐ 얼음 약간(선택)

양념

☐ 양조식초 5큰술

※ 2배나 3배 식초는 사용하지 마세요.

☐ 설탕 3큰술

☐ 국간장 1큰술

☐ 멸치액젓 1큰술

☐ 꽃소금 2/3큰술 이하

☐ 미원 1/4큰술(선택)

☐ 통깨 약간

※ 식초는 원액의 신맛 정도가 달라서 조리 시 신중하게 넣어야 해요. 2배나 3배 식초는 사용하지 않는 게 좋습니다.

1 자른 미역은 찬물에 담가 30분 정도 불려주세요.

2 오이 1개를 채 썰어 준비해주세요.

3 볼에 물기를 뺀 미역을 넣은 뒤 분량의 양념을 넣고 미역에 간이 배어들도록 10분간 냉장고에 넣어 숙성시켜주세요.

4 냉장고에서 꺼낸 미역에 채 썬 오이를 넣고 버무린 뒤 물 800ml를 넣어주세요.

5 기호에 따라 얼음을 넣고 송송 썬 청양고추, 홍고추, 통깨 등을 올려 마무리합니다.

감잣국

썰맨 TIP		
	재료	대파 대신 부추를 넣어도 향이 더욱 좋아지고 맛있어요.
	냉털	냉동실에 있는 시판용 수제비를 넣어서 끓여도 좋아요.
	응용	감잣국에 바지락을 넣어서 끓이면 시원한 바지락감잣국으로 응용할 수 있습니다.
	요리	감자를 자른 물에 담갔다가 사용하면 맑은 감잣국을 만들 수 있어요.

2인분

필수 재료

- ☑ 감자 3개
- ☐ 송송 썬 대파 3큰술
- ☐ 청양고추 약간
- ☐ 홍고추 약간
- ☐ 멸치 국물 팩
- ※ 시판용 멸치 밑국물 2큰술로 대체 가능
- ☐ 후춧가루 약간

양념

- ☐ 국간장 1큰술
- ☐ 멸치액젓 1큰술
- ☐ 참치액 1큰술
- ☐ 미원 ¼큰술(선택)
- ☐ 꽃소금 약간(선택)

쉬운 듯 어려운 감잣국, 이렇게 하면 백전백승!

1 감자는 먹기 좋은 크기로 자른 뒤 물에 담가 전분 기를 제거해주세요.

2 대파, 청양고추, 홍고추는 송송 썰어 준비해주세요.

3 냄비에 물 800ml를 넣고 멸치 국물 팩을 넣어 10분간 끓인 뒤 팩을 빼주세요.

4 끓는 국물에 전분 기를 제거한 감자를 넣어주세요.

5 분량의 양념을 넣고 감자가 익도록 끓여주세요.

※ 간이 부족할 경우 미원이나 꽃소금으로 조절해주세요.

6 대파와 후춧가루를 넣고 청양고추와 홍고추로 고명을 올려 마무리합니다.

배추된장국

썰맨 TIP		
	재료	알배추는 배추의 노란 속 부분을 말해요. 마트에 가면 손쉽게 구입할 수 있습니다.
	냉털	냉장고에 바지락이나 국거리용 소고기가 있다면 넣어서 끓여보세요.
	응용	겨울철에 굴을 넣고 끓이면 굴배춧국이 됩니다.
	요리	가정에서는 쌀뜨물에 멸치를 넣어 끓이면 좋아요. 이때 멸치와 국물 팩을 10~15분 이상 푹 우려내야 깊은 맛이 납니다(맑은 국물과는 반대).

2인분

섬유질의 보고, 배추를 이용한 건강한 배추된장국 레시피입니다.

필수 재료

☑ 배추 10장

※ 쌀뜨물을 넣으면 더욱 구수해요.

☐ 멸치 국물팩 1개 또는 국물용 멸치 10마리

☐ 송송 썬 쪽파 1큰술

☐ 홍고추 ½개

☐ 청양고추 1개

☐ 새우가루 1큰술

양념

☐ 된장 2큰술

※ 염도에 따라 양 조절

☐ 참치액 1~1+½큰술

☐ 설탕 ½큰술 이하

※ 된장에서 쓴맛이 날 경우 설탕 사용

☐ 미원 ⅓큰술

☐ 멸치 다시다 ⅔큰술(선택)

☐ 매운 고춧가루 ½큰술(선택)

1 깨끗이 씻은 알배추 잎을 10장 정도 준비해 잘라주세요.

2 쪽파, 홍고추, 청양고추는 송송 썰어 준비합니다.

3 냄비에 물 또는 쌀뜨물 800ml를 붓고 끓기 시작하면 멸치 국물 팩 또는 멸치 10마리와 새우가루 1큰술을 넣고 10분간 푹 끓이다 건져내세요.

4 ③에 먹기 좋은 크기로 자른 배추를 넣고 숨이 죽으면 분량의 양념을 넣어주세요(멸치 다시다, 매운 고춧가루는 선택).

※ 얼큰한 맛을 원한다면 양념을 넣을 때 매운 고춧가루 ½큰술도 같이 넣어주세요.

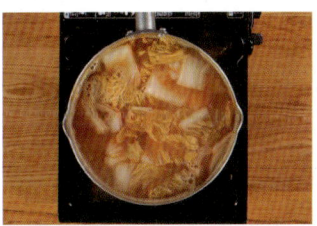

5 강한 불로 끓이다가 중약불로 줄여 배춧잎에 간이 배어들 때까지 끓입니다.

6 쪽파채를 넣고 한소끔 끓인 뒤 청양고추와 홍고추로 마무리합니다.

북창동 순두부찌개를
아시나요?

part 03
찌개 & 전골

노포김치찌개
그집된장찌개
북창동순두부찌개
김치청국장
고추장찌개
부대찌개
동태찌개
어묵탕
초간단두부찌개
오징어찌개
그집불고기전골
샤부샤부전골

노포김치찌개

썰맨 TIP	재료	김치는 가정마다 염도와 양념이 달라 맛의 차이가 크므로 포기 크기와 염도, 고춧가루의 양을 조절해주세요.
	냉털	너무 신 김치는 김치찌개용으로는 적합하지 않으니 유의하세요.
	응용	돼지고기 대신 마지막에 캔 참치나 스팸, 햄 등을 토핑해서 조리해도 좋아요.
	요리	사골 육수 대신 돼지 비계를 삶은 뒤 믹서에 육수와 함께 갈아서 이용하면 진한 노포김치찌개를 만들 수 있어요.

2~3인분

찐득찐한 노포의 김치찌개, 이렇게 만듭니다.

필수 재료

☑ 김치 ⅓포기 이하

※ 배추 크기에 따라 조절

☐ 식용유 1큰술

☐ 대파 ⅓대

☐ 양파 ¼개

☐ 두부 ½모

☐ 사골 육수 800ml

☐ 돼지고기 300g

☐ 고춧가루 ⅓큰술

※ 김치에 양념이 많으면 안 넣어도 돼요.

☐ 다진 마늘 ½큰술

☐ 청양고추 약간 (선택)

☐ 홍고추 약간 (선택)

양념

☐ 다시다 ½큰술

☐ 미원 ⅓큰술 (선택)

☐ 설탕 ⅔큰술

※ 신 김치일수록 설탕 양을 늘려주세요.

1 양파는 채 썰고 대파는 어슷 썰어주세요. 두부도 먹기 좋은 크기로 넓적하게 잘라주세요.

2 옴팍한 웍에 식용유 1큰술을 넣고 돼지고기를 볶아주세요.

3 고기가 절반 정도 익었을 때 김치와 물을 조금 넣고 타지 않게 중간 불로 볶아주세요.

4 분량의 양념(미원은 선택)을 함께 섞듯 넣어 중약불로 볶아주세요.

5 잘 볶은 김치에 물과 사골 육수를 1:1 비율(각각 800ml)로 자박하게 부으면서 약한 불에 졸이듯이 은근히 익혀주세요.
※ 처음부터 육수를 너무 많이 넣지 말고 끓여가면서 넣으세요.

6 냄비에 옮겨 담은 뒤 썰어놓은 두부, 대파, 채 썬 양파, 고춧가루, 다진 마늘, 고추(선택) 등으로 마무리합니다.

그집된장찌개

썰맨 TIP

	재료	염도에 따라 된장 양을 가감해주세요. 양파나 각종 채소를 너무 많이 넣으면 국물 맛이 달큰해져서 개운한 맛이 없어져요.
	냉털	가정식 된장찌개의 경우 냉장고 속 무나 감자 등을 넣으면 국물이 개운해지고 감자의 전분으로 다음 날 된장찌개가 녹진하고 걸쭉해집니다. 고기나 바지락 등의 재료를 사용해 된장찌개를 만들어도 좋아요.
	응용	된장찌개 국물을 넉넉히 만든 후 밥을 넣고 끓여가면서 먹으면 된장술밥이 됩니다.
	요리	된장찌개를 너무 오래 끓이면 안 돼요. '짧고 강하게'가 포인트! 냉이나 달래, 부추 등을 넣어서 향을 더해도 좋아요.

2인분

아무것도 넣지 않았는데 맛있다는 그집된장찌개를 끓여볼까요?

필수 재료

- ☑ 나박 썬 무 1큰술
- ☐ 나박 썬 애호박 1큰술
- ☐ 깍둑 썬 감자 1개 분량
- ☐ 깍둑 썬 양파 2큰술
- ☐ 버섯 약간
- ☐ 얇게 썬 청양고추 2개 분량
- ☐ 깍둑 썬 두부 ¼모

양념

- ☐ 된장 1큰술
- ☐ 국물용 대멸치 6마리
- ☐ 매운 고춧가루 ⅓큰술
- ☐ 고춧가루 ⅓큰술
- ☐ 새우가루 ⅓큰술
- ☐ 멸치 다시다 ⅔큰술
- ☐ 미원 ⅓큰술

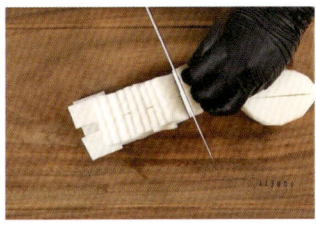

1 나박 썬 무와 애호박, 깍둑 썬 감자와 양파를 준비해주세요.

※ 고기를 이용한 된장찌개에는 대파를 송송 썰어 넣어도 좋아요.

2 물 400ml에 멸치를 넣고 한 번 끓여주세요. 물이 끓기 시작하면 청양고추와 버섯을 뺀 나머지 채소를 모두 넣어주세요.

3 채수와 멸치 국물이 완성되면 된장과 분량의 양념을 모두 넣고 한번 끓입니다.

4 부족한 간은 된장으로만 조절하고 준비된 버섯, 두부, 청양고추를 순서대로 넣어 완성합니다.

북창동순두부찌개

썰맨 TIP		
	재료	식당에서 먹는 순두부찌개 맛의 핵심은 굴소스 또는 치킨 스톡이에요. 믿고 따라 해보세요.
	냉털	순두부가 없다면 쓰다 남은 두부를 손으로 으깨서 사용해도 되고, 비지를 넣어도 맛있어요.
	응용	해물을 넣어 끓이면 해물순두부가 됩니다.
	요리	양념을 하나하나 따로 넣지 않고 고추기름에 개어서 소스 형태로 숙성한 후 사용하면 더욱 맛있어요.

1인분

이 맛도 저 맛도 아닌 순두부찌개는 이제 안녕! 국물 진한 순두부찌개를 만들어보세요.

필수 재료

- ☑ 순두부 ½개
- ☐ 사골 250~300ml
- ☐ 다진 소고기 2큰술
- ☐ 달걀 1개
- ☐ 양파 ⅓개

※ 사이즈에 따라 양을 조절해주세요.

- ☐ 고춧가루(고운 것) 1큰술
- ☐ 애호박 1/5개
- ☐ 식용유 1큰술
- ☐ 대파 흰 부분 약간
- ☐ 다진 마늘 ¼큰술
- ☐ 후춧가루 약간

양념

- ☐ 소고기 다시다 ½큰술
- ☐ 굴소스 ¼큰술
- ☐ 국간장 ½큰술
- ☐ 미원 ¼큰술(선택)
- ☐ 꽃소금 약간(선택)

1 양파는 깍둑 썰어주세요. 애호박은 나박 썰고 대파는 송송 썰어주세요.

※ 표고버섯을 썰어 넣으면 풍미가 더욱 좋습니다.

2 뚝배기에 식용유를 두른 뒤 깍둑 썬 양파와 다진 소고기를 넣고 볶아주세요.

3 소고기가 60% 정도 익으면 썰어놓은 대파 중 절반을 넣고 국간장 ½큰술을 넣어 간장의 풍미를 끌어올려주세요.

4 고춧가루 1큰술을 넣어 타지 않게 볶다가 썰어놓았던 애호박을 넣어 볶아주세요.

5 준비해놓은 사골과 물을 1:1(각각 250~300ml)로 넣어 끓인 뒤 소고기 다시다 ½큰술, 굴소스 ¼큰술, 미원 ¼큰술(선택), 다진 마늘 ¼큰술을 넣고 순두부를 넣어주세요.

6 달걀과 나머지 대파를 고명으로 올린 뒤 후춧가루를 약간 넣어 마무리합니다.

※ 간이 부족하면 꽃소금으로 조절해주세요.

김치청국장

썰맨 TIP

	재료	청국장은 일반적인 청국장 외에 양념된 것이 있으니 구입할 때 꼭 확인하세요.
	냉털	냉장고에 있는 김치를 넣은 김치청국장도 좋지만 고기를 푹 익히고 무를 넣어 만든 고깃집 청국장도 맛있어요.
	응용	청국장과 된장의 비율을 조절하고 김치가 아닌 채소를 넣으면 좀 더 깊은 맛을 낼 수 있어요.
	요리	청국장을 오래 끓이면 유산균 등 좋은 성분이 파괴되니 가장 마지막에 넣고 잠깐 끓여주세요.

2~3인분

김치만 있으면 누구나 명인이 되는 김치청국장 레시피입니다.

필수 재료

☑ 청국장 2큰술

※ 간을 보면서 넣어주세요.

☐ 멸치 국물 팩 1개

☐ 무 1조각

☐ 신 김치 3컵(종이컵 기준)

☐ 두부 ⅓모

☐ 대파 ⅓대

☐ 다진 마늘 ¼큰술

양념

☐ 매운 고춧가루 ⅓큰술

☐ 고춧가루 ⅓큰술

☐ 소고기 다시다 ⅓큰술

※ 멸치 다시다 또는 미원 약간으로 대체 가능

1 물 600ml를 뚝배기에 넣고 썰어놓은 무와 멸치 국물 팩을 넣어 무가 익도록 끓여주세요.

2 무가 60% 정도 익었을 때 국물 팩을 건져냅니다.

3 김치 3컵을 썰어 넣어 한소끔 끓여주세요.

4 김치가 70% 정도 익었을 때 청국장 2큰술을 간을 보며 넣어주세요.

※ 청국장 염도가 강하거나 양념이 되어 있는 경우가 있으니 염도에 유의하세요.

5 청국장이 뭉치지 않게 잘 풀어준 뒤 두부를 넣습니다.

6 한소끔 끓인 뒤 매운 고춧가루 ⅓큰술, 보통 맛 고춧가루 ⅓큰술, 다진 마늘 ¼큰술, 송송 썬 대파를 넣어주세요. 그런 다음 소고기 다시다를 넣어 풍미를 더해 완성하세요.

고추장찌개

썰맨 TIP

재료 — 고추장찌개 맛의 핵심은 구수함과 달큼함입니다. 이때 고추장은 시판용 고추장을 사용해야 합니다.

냉털 — 고추장찌개에 감자는 필수입니다. 감자 한두 개만 있으면 냉동실에 얼려둔 찌개용 고기를 넣어 맛있게 만들 수 있습니다.

응용 — 고추장찌개에 수제비나 우동 면을 넣어도 맛있어요.

요리 — 고추장찌개에 보리차를 넣어 끓이면 국물이 깔끔하고 맛있습니다.

2~3인분

일반인은 절대 모르는 고추장찌개 국물의 비밀을 알려드립니다.

필수 재료

- ☑ 찌개용 돼지고기 300g
- ☐ 보리차 티백 1개
- ☐ 식용유 ½큰술
- ☐ 감자 2개
- ☐ 두부 ½모(선택)
- ☐ 호박 ½개
- ☐ 양파(중간 크기) 1개
- ☐ 청양고추 1개
- ☐ 홍고추 1개
- ☐ 대파 ½대
- ☐ 느타리버섯 약간
- ☐ 다진 마늘 ½큰술

양념

- ☐ 고추장 2큰술

※ 간을 보면서 2큰술 이하로 넣어주세요.

- ☐ 새우젓 ½큰술
- ☐ 미원 ⅓큰술
- ☐ 설탕 ¼큰술
- ☐ 매운 고춧가루 1큰술
- ☐ 고춧가루 1큰술
- ☐ 후춧가루 약간

※ 우동 다시를 넣으면 식당 맛을 낼 수 있으니 참고하세요.

1 감자와 호박, 양파는 한입 크기로 깍둑 썰고 물 700ml에 보리차 티백을 넣어 준비해주세요.

2 프라이팬에 식용유 ½큰술을 두른 뒤 찌개용 돼지고기와 감자를 넣어 겉면만 살짝 볶아주세요.

3 고기 겉면이 50% 정도 익었을 때 고추장을 2큰술 이하로 조절해 넣고 타지 않게 잘 볶아주세요.

4 보리차를 넣고 한소끔 끓인 뒤 양파, 호박, 다진 마늘 ½큰술, 미원 ⅓큰술, 새우젓 ½큰술을 넣어주세요.

5 설탕 ¼큰술을 넣어 고추장의 떫은맛을 제거한 뒤 매운 고춧가루와 일반 고춧가루를 넣습니다.

6 준비한 느타리버섯과 어슷 썬 대파, 청양고추, 홍고추를 올리고 후춧가루를 넣어 마무리합니다.

※ 두부는 취향에 따라 넣어주세요.

부대찌개

썰맨 TIP

재료 — 부대찌개의 핵심은 햄이에요. 스팸 또는 튤립 햄, 콘킹사의 오리지널 미국 소시지를 사용하면 좋지만 스팸과 비엔나소시지 등을 이용해도 괜찮아요.

냉털 — 냉장고 속 자투리 햄을 모아서 만들어보세요. 사진처럼 냉동 만두를 넣어도 좋아요.

응용 — 라면도 좋지만 우동을 풀어서 넣어보세요. 훨씬 더 고급진 부대찌개를 만들 수 있어요.

요리 — 끓일 때부터 간이 맞으면 나중에 소시지에서 나오는 염도가 더해져 짤 수 있으니 양념을 한 번에 넣지 말고 나눠서 조리하세요.

2인분

텁텁한 부대찌개는 이제 그만, 이제는 깔끔한 부대찌개의 시대!

필수 재료

- ☑ 사골 육수 1팩
- ※ 물에 희석해서 800ml
- ☐ 김치 1컵(종이컵)
- ☐ 스팸 5조각
- ☐ 비엔나소시지 6개
- ☐ 캔 옥수수 약간
- ☐ 소고기 민찌 1컵(종이컵)
- ☐ 체더치즈 1장
- ☐ 베이크드 빈 약간(선택)
- ☐ 쌀떡 ½줌
- ☐ 대파 ½대
- ☐ 양파 ¼개
- ☐ 콩나물 1줌
- ☐ 라면 1개

양념

- ☐ 청국장 1~1+½큰술
- ☐ 매운 고춧가루 1큰술
- ☐ 고춧가루(중간 입자) 1큰술
- ☐ 다진 마늘 ½큰술
- ☐ 멸치액젓 1큰술
- ☐ 국간장 1큰술
- ☐ 소고기 다시다 ⅓큰술
- ☐ 미원 ⅓큰술
- ☐ 설탕 ¼큰술

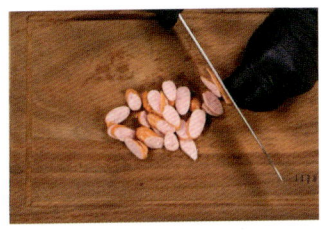

1 스팸, 비엔나소시지는 먹기 좋은 크기로 자르고 김치는 잘게 썰어주세요.

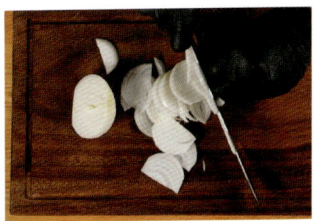

2 대파는 넓적하게 썰고 양파는 얇게 썰어주세요.

3 분량의 양념을 볼에 넣어 섞어주세요.

※ 하루 정도 숙성하면 좋아요.

4 넓고 낮은 전골냄비 바깥쪽부터 양파와 햄, 소시지, 쌀떡, 캔 옥수수, 소고기 민찌, 베이크드 빈(선택)을 차례대로 플레이팅해주세요.

5 김치를 넣고 부대찌개 양념 ⅔ 분량을 올려주세요. 나머지 ⅓은 육수와 염도에 따라 조절하세요.

※ 기호에 따라 만두 등을 넣어도 좋아요.

6 양념장 위에 콩나물, 대파와 체더치즈, 라면 등을 올리고 사골 육수 1팩에 물을 1:1로 섞어 넣고 끓여 완성합니다.

동태찌개

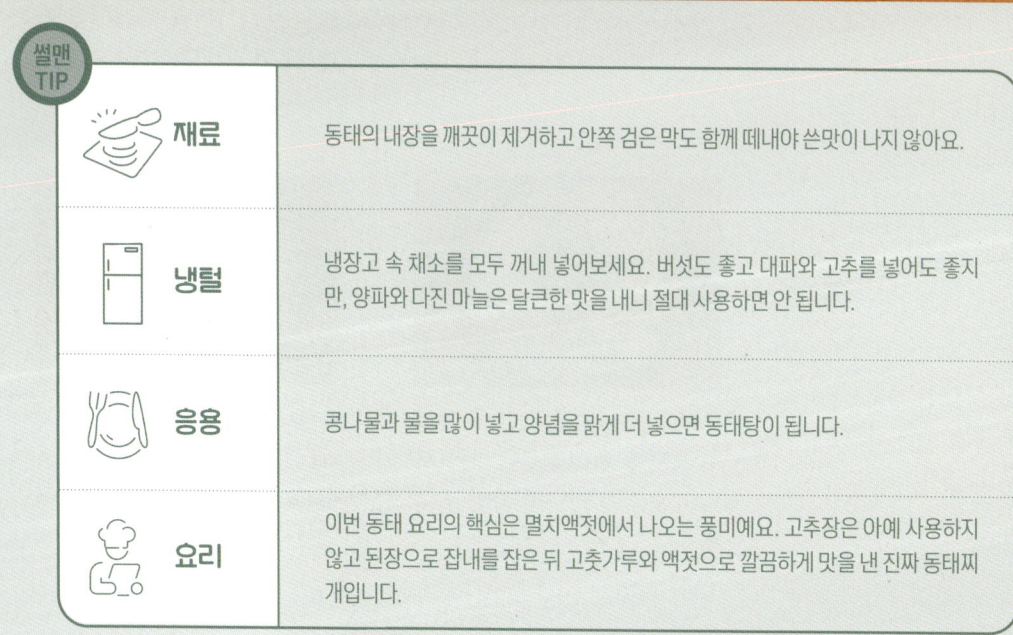

썰맨 TIP		
	재료	동태의 내장을 깨끗이 제거하고 안쪽 검은 막도 함께 떼내야 쓴맛이 나지 않아요.
	냉털	냉장고 속 채소를 모두 꺼내 넣어보세요. 버섯도 좋고 대파와 고추를 넣어도 좋지만, 양파와 다진 마늘은 달큰한 맛을 내니 절대 사용하면 안 됩니다.
	응용	콩나물과 물을 많이 넣고 양념을 맑게 더 넣으면 동태탕이 됩니다.
	요리	이번 동태 요리의 핵심은 멸치액젓에서 나오는 풍미예요. 고추장은 아예 사용하지 않고 된장으로 잡내를 잡은 뒤 고춧가루와 액젓으로 깔끔하게 맛을 낸 진짜 동태찌개입니다.

3인분

당장 식당을 내도 손색없는 동태집 레시피를 알려드릴게요.

필수 재료

- ☑ 동태 1마리
- ☐ 해물 다시 팩 1개
- ☐ 홍합 또는 바지락 50g(1줌)
- ☐ 곤이 100g
- ☐ 이리 100g
- ☐ 두부 ½모
- ☐ 무 200g
- ☐ 쑥갓 약간
- ☐ 대파 약간
- ☐ 팽이버섯 약간(선택)
- ☐ 청양고추 1개
- ☐ 홍고추 약간(선택)

양념

- ☐ 된장 ½큰술
- ※ 너무 많이 넣으면 안 돼요.
- ☐ 고춧가루 2큰술
- ☐ 베트남 고춧가루(고운 것) 1큰술
- ☐ 멸치액젓 3큰술
- ☐ 진간장 1큰술
- ☐ 미원 ⅓큰술
- ☐ 소금 ¼큰술
- ☐ 다진 생강 ¼큰술
- ☐ 소주 2잔(소주잔 기준)
- ☐ 후춧가루 약간

1 손질한 동태를 해동해 흐르는 물에 깨끗이 씻고 내장도 제거하세요.

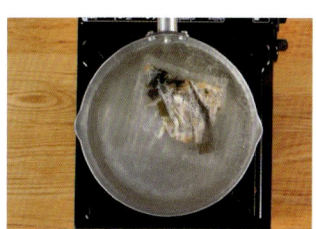

2 물 800ml에 해물 다시 팩을 넣고 15분간 끓여주세요.

3 두부는 먹기 좋게 자르고 무 200g은 나박 썰어주세요. 대파와 청양고추, 홍고추(선택)는 어슷 썰어 준비합니다.

4 분량의 양념 재료를 볼에 넣고 섞어서 숙성해주세요.

※ 하루 정도 숙성하면 맛이 더욱 좋아요.

5 냄비에 무, 동태, 해물, 두부, 채소, 버섯 순으로 올린 뒤 양념 ½ 분량을 넣고 강한 불로 끓여주세요.

6 동태가 익어갈 때쯤 간을 본 뒤 나머지 양념으로 조절해 마무리합니다.

어묵탕

쌜맨 TIP

	재료	어묵을 구입할 때 어육 함유율이 높은 상품을 고르면 더욱 맛있는 어묵탕을 만들 수 있어요.
	냉털	남은 어묵은 비닐 백에 넣어 냉동 보관하면 보관 기간이 길어집니다.
	응용	소면 또는 우동 면을 따로 끓여 어묵탕에 넣으면 맛있는 잔치국수나 우동으로 만들 수 있어요.
	요리	어묵은 맛도 맛이지만 빠르게 조리할 수 있는 식재료입니다. 한번에 많은 양의 어묵을 넣지 말고 그때그때 만들어놓은 국물에 어묵을 넣으면 어묵이 붇지 않고 식감도 좋아요.

4인분

포장마차보다 맛있어서 아빠와 아이 모두 좋아하는 어묵탕입니다.

필수 재료

☑ 가쓰오부시 2큰술

※ 멸치 국물 팩으로 대체 가능

☐ 어묵탕용 어묵 500g

☐ 무 1조각

☐ 대파 ½대

☐ 팽이버섯 약간(선택)

☐ 쑥갓 약간(선택)

☐ 달걀 2개

☐ 청양고추 1개

☐ 홍고추 1개

양념

☐ 국간장 1큰술

☐ 멸치액젓 1큰술

☐ 참치액 1큰술

☐ 후춧가루 약간

☐ 미원 ⅓큰술

☐ 소금 ⅓큰술(후간 조절)

1 대파는 넓적 썰고 청양고추와 홍고추는 어슷 썰어주세요.

2 달걀은 냄비에 물에 넣어 삶아줍니다.

3 물 1L에 가쓰오부시 2큰술을 넣고 5분간 끓인 다음 건져내세요.

※ 가쓰오부시가 없으면 멸치 국물 팩으로 대체해도 됩니다.

4 무를 큼지막하게 4등분한 뒤 ③에 넣어 한소끔 끓입니다.

5 국간장, 멸치액젓, 참치액, 후춧가루, 미원을 넣어 끓인 뒤 손질한 어묵을 넣으세요.

6 소금으로 간을 조절한 뒤 대파와 삶은 달걀, 팽이버섯(선택), 청양고추, 홍고추를 넣어 마무리합니다.

※ 기호에 따라 쑥갓을 넣어도 좋아요.

초간단두부찌개

썰맨 TIP

	재료	두부는 어떤 종류든 사용 가능합니다.
	냉털	냉장고에 있는 호박, 버섯 등을 추가해도 좋고 스팸이나 참치를 넣으면 술안주가 됩니다.
	응용	갈아놓은 돼지고기를 넣어 볶듯이 조리하면 짬뽕처럼 깊은 국물 맛을 낼 수 있어요.
	요리	모든 재료를 한번에 넣어 간편하게 만들 수 있어요. 새우젓을 이용하면 풍미가 살아납니다.

3인분

너무 쉬워서 죄송한 초간단두부찌개 레시피입니다.

필수 재료

- ☑ 두부 1모
- ☐ 양파 ½개
- ☐ 청양고추 1개
- ☐ 홍고추 1개
- ☐ 대파 ½대
- ☐ 들기름 2큰술
- ☐ 통깨 약간

양념

- ☐ 국간장 1큰술
- ☐ 멸치액젓 1큰술
- ☐ 새우젓 1큰술 이하
- ☐ 미원 ¼큰술
- ☐ 고춧가루 1큰술
- ☐ 베트남 고춧가루(고운 것) 1큰술
- ☐ 다진 마늘 ½큰술
- ☐ 꽃소금 ⅓큰술

1 양파는 채 썰고 대파, 청양고추, 홍고추는 어슷 썰어주세요.

2 두부는 먹기 좋은 크기로 잘라주세요.

3 양파채를 냄비 바닥에 깔아주세요.

4 양파 위에 두부를 올리고 물 500ml와 분량의 양념을 넣어주세요.

5 5분 이상 바닥이 타지 않게 팔팔 끓인 뒤 어슷 썬 대파, 청양고추, 홍고추, 들기름, 통깨를 넣어 완성합니다.

※ 멸치 국물 팩을 이용하면 더욱 맛있게 만들 수 있어요.

오징어찌개

썰맨 TIP

	재료	오징어는 껍질을 벗기고 칼집을 넣으면 양념이 잘 배어들고 식감이 좋아져요.
	냉털	오징어 대신 캔 참치나 찌개용 돼지고기를 넣어도 맛있어요.
	응용	수제비를 따로 간해서 끓인 후 넣어 먹으면 맛있는 수제비로 응용할 수 있어요.
	요리	고추장을 타지 않게 볶을 땐 물을 살짝 넣으면 조리하기 편해요.

2인분

칼칼하고 담백한 오징어찌개를 만들 수 있는 100% 성공 레시피입니다.

필수 재료

- ☑ 오징어 1마리
- ☐ 보리차 700ml
- ☐ 무 1조각
- ☐ 식용유 2큰술
- ☐ 애호박 ¼개
- ☐ 양파 ½개
- ☐ 송송 썬 대파 1큰술
- ☐ 청양고추 1개
- ☐ 홍고추 1개
- ☐ 팽이버섯 ½봉지
(작은 봉지, 선택)
- ☐ 다진 마늘 ½큰술

양념

- ☐ 진간장 1큰술
- ☐ 새우젓 ½큰술
- ☐ 꽃소금 ⅓큰술
- ☐ 고추장 1큰술
- ☐ 고춧가루 1큰술
- ☐ 매운맛 고춧가루 1큰술
- ☐ 소주 1잔(소주잔)
- ☐ 후춧가루 약간
- ☐ 미원 ⅓큰술(선택)

1 손질한 오징어는 칼집을 내 한입 크기로 잘라주세요.

2 애호박은 반달 모양으로 얇게 썰고, 대파는 송송 썰고, 청양고추와 홍고추는 어슷 썰어주세요. 양파는 깍둑 썰고 무는 나박 썰어 떠먹기 좋은 크기로 잘라주세요.

3 냄비에 식용유 2큰술을 넣고 송송 썬 대파와 다진 마늘을 넣고 타지 않게 볶아주세요.

4 보통 맛과 매운맛 고춧가루를 넣고 소주, 후춧가루를 바로 넣어 타지 않게 달달 볶아준 뒤 보리차를 조금 넣고 고추장을 넣어 끓여주세요.

5 보리차를 조금 더 넣어 타지 않게 끓이다 무, 진간장, 새우젓, 꽃소금, 양파를 넣어 더 끓여주세요.

6 남은 보리차를 넣고 끓기 시작하면 호박, 손질한 오징어를 넣어 미원(선택)으로 풍미를 추가하고 청양고추와 홍고추로 마무리합니다.

※ 취향에 따라 팽이버섯을 넣어도 좋습니다.

그집불고기전골

썰맨 TIP

	재료	고기를 구입할 때는 색감이 옅은 것보다 선홍빛을 띠는 것을 고르세요.
	냉털	얇은 돼지고기가 있다면 물 희석 비율을 낮춰 돼지불고기로 활용할 수 있어요.
	응용	양념의 물 양과 간장 양을 줄이면 소불고기볶음으로도 응용 가능해요.
	요리	간장과 단맛이 핵심이므로 간장은 불고기 전용 간장을 이용하면 훨씬 더 맛있어요 (삼화불고기간장 추천).

3~4인분

삼O가든에서 근무했냐고 오해받았던 그 불고기전골 레시피입니다.

필수 재료

- ☑ 불고기용 소고기 600g
- ☐ 미나리 2줌
- ☐ 양파 1개
- ☐ 느타리버섯 약간
- ☐ 당근 약간
- ☐ 불린 당면 1줌

양념

- ☐ 진간장 ½컵(종이컵)
- ☐ 다진 마늘 1큰술
- ☐ 흑설탕 3큰술
- ☐ 미원 ½큰술
- ☐ 소고기다시다 ½큰술
- ☐ 참기름 2큰술
- ☐ 후춧가루 약간

1 미나리는 손질해서 손마디 크기로 자르고, 당면은 종류에 상관없이 미온수에 담가 불려 주세요.

2 양파, 당근은 채 썰고 버섯은 손질해주세요.

3 분량의 양념에 물 800ml를 섞어주세요.

4 전골냄비 가운데 당면과 고기를 올리고 준비된 채소와 버섯을 플레이팅해주세요.

5 ③의 양념을 붓고 끓여 완성합니다.

샤부샤부전골

썰맨 TIP

재료	양조간장 3큰술, 식초 2큰술, 설탕 2큰술, 다시마 우린 물 1컵, 고추냉이 약간을 섞으면 샤부샤부에 빠져서는 안 되는 고추냉이간장소스가 완성됩니다.
냉털	냉장고에 있는 채소 중 깻잎만 빼고 아무것이든 넣어도 좋아요. 특히 해물을 넣으면 맛이 깊어져요.
응용	양념장을 육수에 간을 맞추듯 넣어서 장칼국수로 응용해보세요.
요리	한국의 국물 요리는 멸치 국물이 핵심입니다. 냉동 보관용 국물 팩을 이용하면 편리하지만 시중에 판매하는 희석용 멸치 밑국물을 이용하면 편리합니다.

2인분

등O 샤부샤부를 집에서도 즐길 수 있는 방법을 알려드릴게요.

필수 재료

☑ 감자 1개

☐ 샤부용 고기 400g

☐ 해물 팩 1개

☐ 미나리 1줌

☐ 느타리버섯 1줌

☐ 청경채 1개

☐ 팽이버섯 약간

☐ 알배추 5장

☐ 양파 ⅓개

☐ 청양고추 1개

양념

☐ 고추장 1큰술

☐ 된장 1큰술

☐ 매운 고춧가루 1큰술

☐ 고춧가루 1큰술

☐ 우동 다시(진간장) 2큰술

☐ 멸치액젓 1큰술

☐ 다진마늘 ½큰술

☐ 소고기 다시다 ⅓큰술

☐ 미원 ⅓큰술

☐ 후춧가루 ½큰술

☐ 소주 1잔(소주잔)

1 물 1L에 작은 해물 팩을 넣어 끓여주세요.

2 감자 1개는 반을 갈라 썰고 미나리는 손가락 한 마디 크기로 잘라주세요.

3 느타리버섯은 갈라주고 팽이버섯, 청경채와 알배추, 양파, 청양고추도 먹기 좋은 크기로 잘라주세요.

4 분량의 양념을 섞어 최소 하루 이상 냉장 숙성해주세요.

5 냄비에 끓여둔 국물과 양념을 넣어 끓여주세요.

6 전골냄비에 준비한 채소와 버섯, 고기를 넣고 ⑤의 국물을 부어 끓이면 완성됩니다.

※ 나머지 국물을 더해 칼국수나 수제비 등을 넣어 먹으면 더 맛있어요.

※ 모든 재료를 따로 넣어서 샤부샤부로 먹어도 됩니다.

"
고급 한정식의
정갈한 밑반찬을
우리 집 식탁 위에

part 04
밑반찬

멸치고추장볶음
진미채볶음
콩자반
연근조림
알감자조림
마늘종볶음
멸치꽈리고추볶음
어묵볶음
무나물볶음
김치볶음
미역줄기볶음
두부조림
두부간장조림
메추리알조림
애호박볶음
건새우마늘종볶음
식당맛뚝배기달걀찜
고사리볶음

멸치고추장볶음

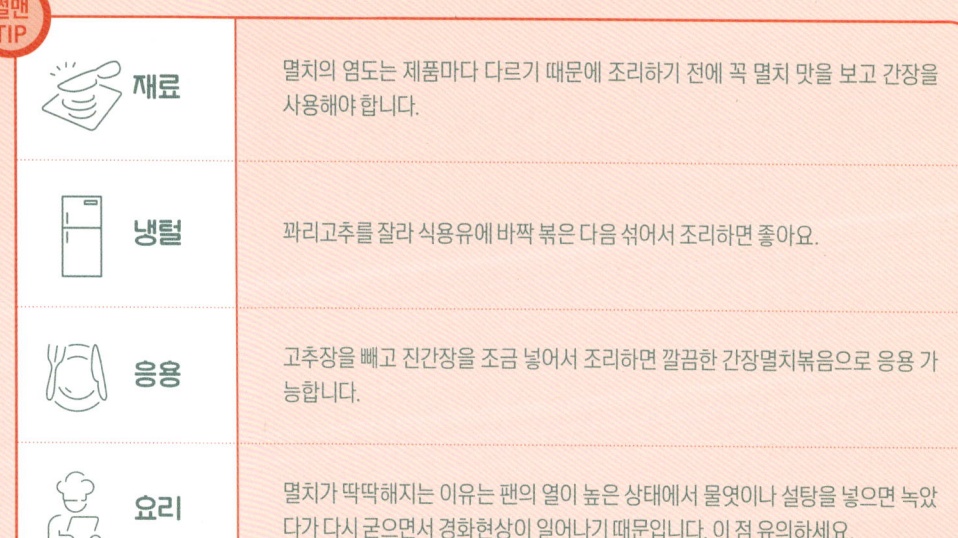

썰맨 TIP

	재료	멸치의 염도는 제품마다 다르기 때문에 조리하기 전에 꼭 멸치 맛을 보고 간장을 사용해야 합니다.
	냉털	꽈리고추를 잘라 식용유에 바짝 볶은 다음 섞어서 조리하면 좋아요.
	응용	고추장을 빼고 진간장을 조금 넣어서 조리하면 깔끔한 간장멸치볶음으로 응용 가능합니다.
	요리	멸치가 딱딱해지는 이유는 팬의 열이 높은 상태에서 물엿이나 설탕을 넣으면 녹았다가 다시 굳으면서 경화현상이 일어나기 때문입니다. 이 점 유의하세요.

4인분

벽돌처럼 딱딱해지지 않는 맛있는 멸치고추장볶음입니다.

필수 재료

- ☑ 볶음용 멸치 150g
- ☐ 식용유 3큰술
- ☐ 물엿 3큰술
- ☐ 마늘 5톨
- ☐ 청양고추 1개
- ☐ 홍고추 1개
- ☐ 통깨 1큰술

양념

- ☐ 고추장 2큰술
- ☐ 진간장 1큰술
- ☐ 설탕 2큰술
- ☐ 맛술 3큰술

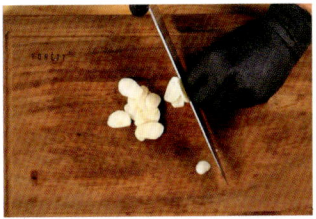

1 마늘은 편으로 썰고 청양고추와 홍고추는 송송 썰어서 준비해주세요.

2 멸치는 프라이팬에 살짝 볶아서 수분을 날려주세요.

3 멸치를 채반에 털어 부스러기를 분리해주세요.

4 식용유를 두른 팬에 마늘을 넣고 타지 않게 볶아주세요.

5 분량의 양념을 넣고 타지 않게 약한 불로 볶아주세요.

※ 멸치 맛을 보고 염도를 체크합니다. 염도에 따라 고추장 양을 2~3큰술 미만으로 가감해주세요.

6 ⑤에 멸치를 넣고 약한 불로 섞듯이 볶은 뒤 식혀주세요. 송송 썬 청양고추와 홍고추를 넣고 볶다가 물엿을 넣어 섞고 통깨를 뿌려 마무리합니다.

※ 마요네즈를 1큰술 넣으면 더욱 고소해져요.

진미채볶음

썰맨 TIP

	재료	진미채를 맛술이나 물에 살짝 적셔 버무리듯 숨을 죽인 뒤 사용하면 부드러워져요.
	냉털	물엿 대신 냉장고 속 딸기잼을 이용하면 더욱 맛있고 산미도 느껴져서 좋아요.
	응용	고추장을 넣지 않고 간장을 추가하면 진미채간장볶음으로 만들 수 있어요.
	요리	진미채를 굳이 볶지 않아도 양념장을 만들어 버무리듯 무쳐서 먹어도 좋아요.

4인분

딱딱하지 않고 부드러우면서 촉촉한 진미채를 만들어보세요.

필수 재료

- ☑ 백진미채 300g
- ☐ 식용유 3큰술
- ☐ 맛술 5큰술
- ☐ 다진 마늘 1큰술
- ☐ 통깨 약간

양념

- ☐ 고추장 2큰술
- ☐ 진간장 1큰술
- ☐ 설탕 1큰술
- ☐ 맛술 5큰술
- ☐ 물엿 3~4큰술
- ☐ 마요네즈 1큰술

1 진미채는 맛술 5큰술을 넣어 살짝 버무린 뒤 부드럽게 해주세요.

2 다른 프라이팬에 식용유 3큰술을 넣은 뒤 다진 마늘을 1큰술 넣고 마늘기름을 내주세요.

3 마늘기름을 타지 않게 볶은 뒤 고추장 2큰술, 진간장 1큰술을 넣고 한번 더 볶다 설탕 1큰술, 맛술 5큰술을 넣어 타지 않게 잘 볶아주세요.

4 약한 불로 줄인 뒤 진미채와 마요네즈 1큰술을 넣은 뒤 버무리듯 섞어주세요.

※ 조리가 서툴다면 불을 끄고 조리해도 괜찮아요.

5 볶아놓은 진미채를 한 김 식힌 뒤 물엿을 3~4큰술 넣고 버무린 다음 통깨를 올려 마무리합니다.

※ 마요네즈를 마지막에 버무리듯이 넣어주면 더욱 고소해져요.

콩자반

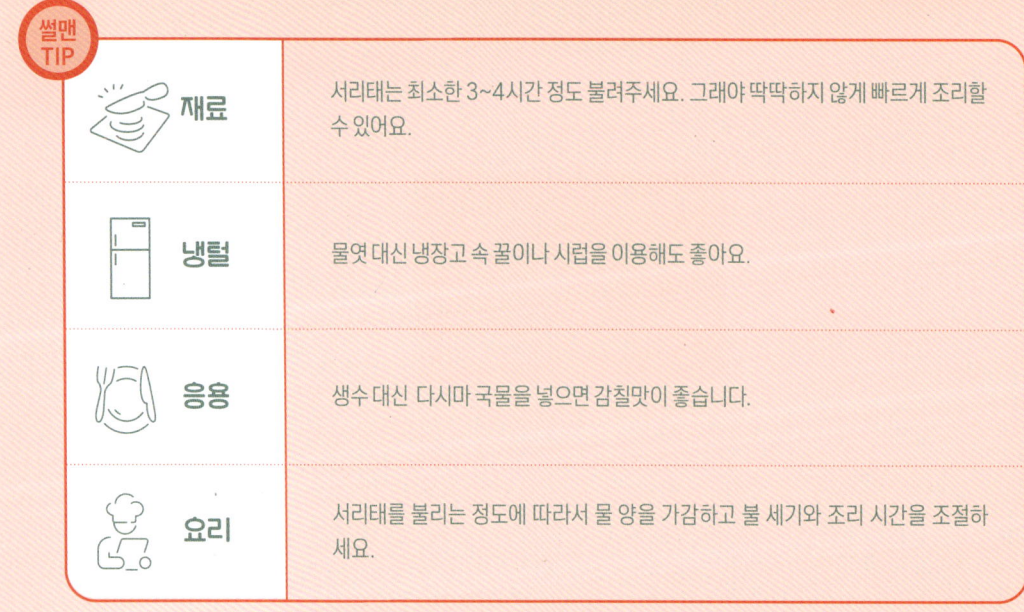

썰맨 TIP		
	재료	서리태는 최소한 3~4시간 정도 불려주세요. 그래야 딱딱하지 않게 빠르게 조리할 수 있어요.
	냉털	물엿 대신 냉장고 속 꿀이나 시럽을 이용해도 좋아요.
	응용	생수 대신 다시마 국물을 넣으면 감칠맛이 좋습니다.
	요리	서리태를 불리는 정도에 따라서 물 양을 가감하고 불 세기와 조리 시간을 조절하세요.

4인분

필수 재료

☑ 서리태 2컵

양념

☐ 진간장 8큰술
☐ 미원 ⅓큰술
☐ 맛술 2큰술
☐ 설탕 2큰술
☐ 식용유 2큰술
☐ 물엿 ⅓컵(종이컵)
☐ 참기름 1큰술
☐ 통깨 약간

부드럽고 맛있게 콩자반 만드는 비법을 소개합니다.

1 서리태는 물에 불려 깨끗이 씻어주세요.

2 불린 서리태를 채반에 담아 물을 빼고 프라이팬에 넣어주세요.

3 물 2~3컵을 넣어 처음엔 강한 불에서 끓인 뒤 중약불에서 삶아주세요.

※ 부드러운 식감을 원하면 3컵, 단단한 식감을 원하면 2컵을 넣어주세요.

4 진간장 8큰술과 맛술 2큰술, 설탕 2큰술, 식용유 2큰술을 넣고 물기가 사라질 때까지 조려주세요.

5 콩이 익으면 불을 끄고 식힌 뒤 미원 ⅓큰술, 물엿 ⅓컵, 통깨 약간, 참기름 1큰술을 넣어 버무려 완성합니다.

연근조림

썰맨 TIP		
	재료	연근의 껍질을 벗기고 썰어 물에 담근 후 식초와 소금을 넣어서 익히듯이 끓여주면 아린 맛이 사라져요.
	냉털	연근 대신 냉장고 속 감자를 넣어 조리해도 좋고 호두나 견과류 등을 넣어도 좋습니다.
	응용	자녀들과 함께 먹을 경우 고춧가루와 청양고추 등은 생략해도 됩니다.
	요리	물엿을 마지막에 넣으면 삼투압 현상으로 연근의 수분을 배출해 국물이 자박해집니다. 쫀득한 식감을 원한다면 약한 불로 조리듯 가열하세요.

3~4인분

쫀득하고 간단한 연근조림의 완결판!

필수 재료

- ☑ 연근 500g
- ☐ 식초 3큰술
- ☐ 소금 1큰술
- ☐ 식용유 2큰술
- ☐ 다진 생강 ¼큰술
- ☐ 청양고추 1개
- ☐ 홍고추 1개
- ☐ 고춧가루 1큰술(선택)
- ☐ 통깨 약간

양념

- ☐ 진간장 5큰술
- ☐ 참치액 1큰술
- ☐ 흑설탕 2큰술
- ☐ 물엿 3큰술
- ☐ 참기름 1큰술

1 연근을 냄비에 넣고 물 1L를 부은 뒤 아린 맛을 없애기 위해 식초 3큰술, 소금 1큰술을 넣고 10분간 끓여주세요.

2 ①을 찬물에 두세 번 헹궈주세요.

3 프라이팬에 식용유 2큰술을 넣고 다진 생강 ¼큰술을 넣어 타지 않게 살짝만 볶은 뒤 연근을 넣어 잘 섞이도록 3분간 볶아주세요.

4 볶은 연근에 진간장 5큰술, 참치액 1큰술을 넣고 아삭한 느낌이 사라질 때까지 익혀주세요.

※ 이때 물을 조금 넣어서 볶으면 타지 않아요.

5 연근이 익은 정도를 체크한 뒤 흑설탕 2큰술, 물엿 3큰술을 가감하며 조린 뒤 고춧가루 1큰술(선택), 통깨 약간, 청양고추, 홍고추, 참기름 1큰술로 마무리합니다.

※ 아이가 있는 집은 고춧가루를 빼도 됩니다.

알감자조림

썰맨 TIP

	재료	알감자는 굵기가 일정한 한입 크기가 조리하거나 먹기 좋아요.
	냉털	감자 외에 당근을 섞어서 사용하면 색감과 풍미가 좋아집니다.
	응용	알감자가 없다면 일반 감자를 잘라서 이용해도 무방합니다.
	요리	알감자를 조릴 때 절대 물을 넣지 마세요. 감자에서 나온 수분만으로 조리 가능합니다.

3~4인분

필수 재료

☑ 조림용 감자 1봉지

양념

☐ 진간장 1컵
☐ 물엿 2컵

삼투압의 원리를 이용해 으깨지지 않는 알감자조림을 만들어볼게요.

1 조림용 감자를 깨끗이 씻어 준비해주세요.

2 볼에 감자를 넣은 뒤 진간장 1컵과 물엿 2컵을 넣어 잘 섞이도록 버무려줍니다.

※ 최소 반나절에서 하루 정도 재워두면 삼투압 현상으로 감자 속 수분이 빠져나옵니다.

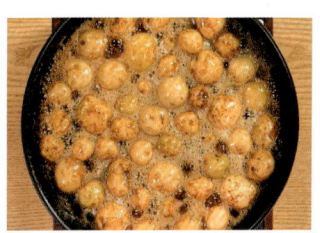

3 하루 동안 재워둔 감자를 웍에 넣고 바닥 면이 타지 않도록 은근히 조리면 겉면이 쭈글쭈글한 깨지지 않는 알감자조림이 완성됩니다.

마늘종볶음

썰맨 TIP

| 재료 | 마늘종은 봄이 지나면 대부분 중국산이 많아요. 수입산은 식감이 억세기 때문에 오래 삶아야 합니다. |

| 냉털 | 냉동실에 있는 건새우나 꼴뚜기 등을 넣고 볶아주면 더욱 맛있어요. |

| 응용 | 마늘종을 살짝 데친 후 고추장, 고춧가루, 설탕, 간장, 다진 마늘 등을 넣어 마늘종 무침으로 응용해보세요. |

| 요리 | 마늘종 식감은 기호에 따라 조절하세요. 이 레시피는 푹 익힌 쫀득한 식감을 기준으로 했습니다. |

4인분

우리 집 밥도둑, 마늘종볶음 레시피입니다.

필수 재료

- ☑ 마늘종 1단
- ☐ 식용유 2큰술
- ☐ 소금 1+⅓큰술
- ☐ 통깨 약간

양념

- ☐ 진간장 5큰술
- ☐ 물 3큰술
- ☐ 설탕 1큰술
- ☐ 물엿 4~5큰술

1 마늘종은 먹기 좋은 크기로 자른 뒤 흐르는 물에 한번 씻어 줍니다.

2 끓는 물에 소금 1큰술을 넣고 마늘종이 부러지지 않고 구부러질 때까지 삶아주세요.

3 삶은 마늘종을 흐르는 물에 헹굽니다.

4 프라이팬에 식용유 2큰술을 넣은 뒤 삶은 마늘종과 물 3큰술을 넣고 수분이 날아가도록 3분간 볶아주세요.

5 마늘종 색깔이 진녹색으로 변하기 시작할 때 소금 ⅓큰술을 넣은 뒤 진간장 5큰술을 넣고 간이 배어들 때까지 조려주세요.

6 마늘종을 선호하는 식감에 맞게 익힌 뒤 설탕 1큰술, 물엿 4~5큰술을 단맛을 조절하며 넣은 다음 타지 않게 수분을 날리며 조립니다. 그런 다음 통깨를 뿌려서 마무리합니다.

멸치꽈리고추볶음

썰맨 TIP		
	재료	꽈리고추가 없을 경우에는 청양고추를 어슷 썰어 기름에 바싹 볶아서 사용해도 맛있어요.
	냉털	꽈리고추가 없을 때는 멸치만으로 만들어도 맛있어요.
	응용	꽈리고추만 넣어서 강한 불에 조리듯이 볶으면 맛있는 꽈리고추볶음이 됩니다.
	요리	꽈리고추를 볶을 때 식초를 조금 넣으면 풋내를 없앨 수 있어요.

4인분

우리 가족 '최애' 밑반찬 멸치꽈리고추볶음 레시피를 소개합니다.

필수 재료

☑ 멸치 150g
☐ 다진 마늘 1큰술
☐ 꽈리고추 1봉지
☐ 식초 1큰술
☐ 식용유 3큰술
☐ 통깨 약간

양념

☐ 진간장 2큰술
☐ 참치액 1큰술
☐ 설탕 2큰술
☐ 물엿 3~4큰술

1 꽈리고추를 깨끗이 씻은 뒤 앞뒤 꼭지를 가위로 잘라주세요.

2 프라이팬에 멸치를 넣고 중간 불로 타지 않게 볶은 뒤 따로 담아 식혀주세요.

3 팬에 식용유 3큰술을 두르고 다진 마늘을 넣어 살짝 볶은 뒤 손질한 꽈리고추를 넣고 설탕 2큰술을 넣어서 타지 않게 잘 조려주세요.

4 진간장 2큰술, 참치액 1큰술을 넣고 한번 더 볶은 뒤 식초 1큰술을 넣어 꽈리고추의 풋내를 잡아주세요.

5 물 150ml를 넣어 뚜껑을 닫고 조리듯 5분간 익혀주세요.

6 식혀놓았던 멸치를 꽈리고추에 넣어 버무리듯 볶다가 물엿 3~4큰술을 기호에 맞게 넣고 통깨를 약간 뿌려 완성합니다.

어묵볶음

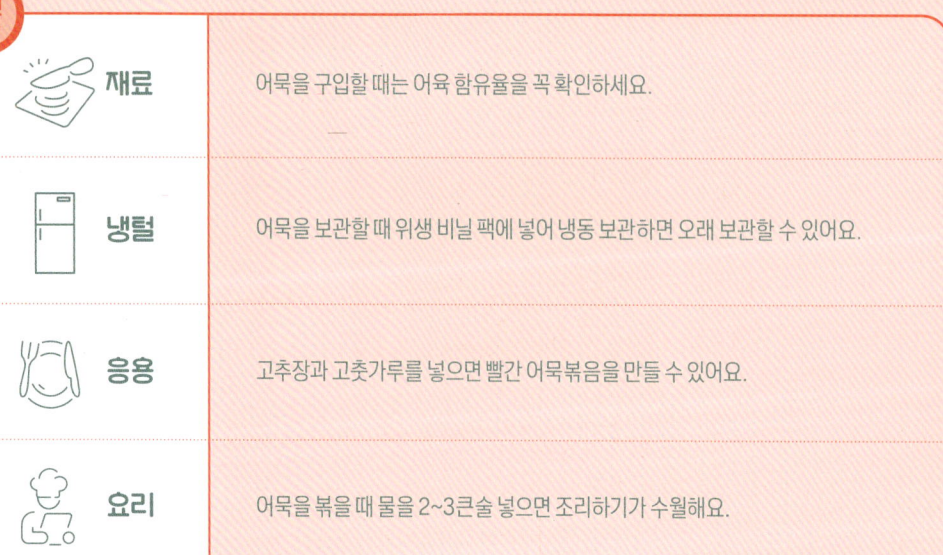

썰맨 TIP

	재료	어묵을 구입할 때는 어육 함유율을 꼭 확인하세요.
	냉털	어묵을 보관할 때 위생 비닐 팩에 넣어 냉동 보관하면 오래 보관할 수 있어요.
	응용	고추장과 고춧가루를 넣으면 빨간 어묵볶음을 만들 수 있어요.
	요리	어묵을 볶을 때 물을 2~3큰술 넣으면 조리하기가 수월해요.

2인분

온 국민이 좋아하는 어묵볶음을 만들어볼게요.

필수 재료

- ☑ 넓적한 어묵 8장
- ☐ 양파 ½개
- ☐ 마늘 3톨
- ☐ 대파 ⅓대
- ☐ 청양고추 ½개
- ☐ 홍고추 ½개
- ☐ 통깨 약간
- ☐ 식용유 2큰술

양념

- ☐ 굴소스 ½큰술
- ☐ 설탕 ⅔큰술

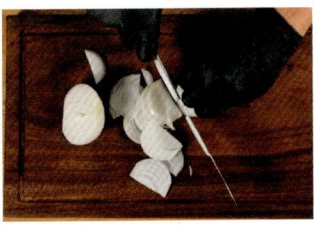

1 양파와 마늘은 채 썰고 대파는 어슷 썰어주세요. 어묵은 먹기 좋은 크기로 자릅니다.

2 프라이팬에 식용유 2큰술을 두른 뒤 마늘을 넣어 마늘기름을 냅니다.

3 어묵과 물 3큰술을 넣고 볶아주세요.

4 손질해놓은 양파와 대파를 모두 넣어주세요.

5 굴소스 ½큰술, 설탕 ⅔큰술을 넣고 버무리듯 중약불로 타지 않게 볶아주세요.

6 청양고추, 홍고추, 통깨로 마무리합니다.

무나물볶음

썰맨 TIP

재료	맛있는 가을무를 사용하세요. 계절에 따라 생산되는 무가 다른데 흙이 묻은 무는 육지 무이고, 흙이 없는 무는 제주산이에요.
냉털	무를 보관할 때는 신문지에 싸서 채소칸에 넣으면 조금 더 오래 보관할 수 있어요.
응용	무나물볶음에 멸치 다시마 물을 넣으면 조미료를 사용하지 않아도 돼요.
요리	무채를 만들 때 칼질에 자신이 없다면 채칼로 손쉽게 만들어보세요.

4인분

입맛 없을 때 달큰한 무나물볶음을 먹으면 단번에 입맛이 돌아와요.

필수 재료

☑ 무 ½개
☐ 멸치 다시마 국물 ½컵
☐ 송송 썬 쪽파 1큰술
☐ 생강술 2큰술 이하
☐ 다진 마늘 ½큰술
☐ 식용유 3큰술
☐ 통깨 약간

양념

☐ 소금 ½큰술
☐ 미원 ¼큰술

1 무는 얇게 채 썰어주세요.
※ 채칼을 이용해도 좋아요.

2 쪽파는 송송 썰어주세요.

3 프라이팬을 달군 뒤 식용유 3큰술을 넣고 무와 소금 ½큰술을 넣은 다음 잘 버무리고 멸치 다시마 국물을 부어주세요.

4 뚜껑을 덮어 중간 불로 5분간 스팀해주세요. 무의 숨이 죽으면 한번 더 뒤집고 뚜껑을 닫아 골고루 익혀주세요.

5 뚜껑을 연 뒤 생강술 2큰술, 다진 마늘 ½큰술을 넣고 잘 섞어주세요.

6 무를 맛보고 식감과 간을 기호에 맞게 조절하고 쪽파를 넣습니다. 그런 다음 통깨와 미원 ¼큰술을 넣어 완성합니다.

※ 생강을 조금 넣으면 무나물 특유의 향긋함이 느껴지는 진짜 옛날 맛 무나물볶음을 만들 수 있습니다.

김치볶음

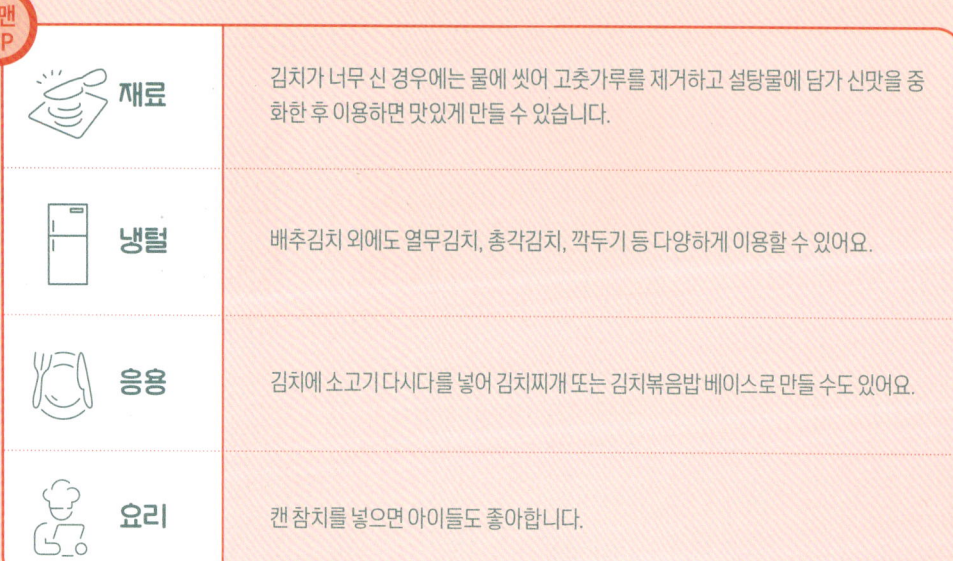

썰맨 TIP		
	재료	김치가 너무 신 경우에는 물에 씻어 고춧가루를 제거하고 설탕물에 담가 신맛을 중화한 후 이용하면 맛있게 만들 수 있습니다.
	냉털	배추김치 외에도 열무김치, 총각김치, 깍두기 등 다양하게 이용할 수 있어요.
	응용	김치에 소고기 다시다를 넣어 김치찌개 또는 김치볶음밥 베이스로 만들 수도 있어요.
	요리	캔 참치를 넣으면 아이들도 좋아합니다.

3~4인분

냉장고에 김장김치가 있다면 무조건 만들고 보는 김치볶음입니다.

필수 재료

- ☑ 김치 ½포기
- ☐ 멸치 다시마 국물 1컵
- ☐ 대파 ⅓대
- ☐ 양파 ½개
- ☐ 들기름 3큰술
- ☐ 다진 마늘 ½큰술
- ☐ 고춧가루 1큰술
- ☐ 통깨 약간

양념

- ☐ 미원 ⅓큰술
- ☐ 설탕 ½큰술

1 김치는 한입 크기로 잘라주세요.

2 양파는 채 썰고 대파는 송송 썰어주세요.

3 프라이팬에 들기름 3큰술을 두른 뒤 송송 썬 대파를 넣어 볶아주세요.

4 ③에 잘라놓은 김치를 넣고 멸치 다시마 국물을 조금씩 넣어서 볶아준 후 미원 ⅓큰술을 넣고 뚜껑을 닫아 타지 않게 익혀주세요.

5 설탕 ½큰술을 넣고 볶습니다.
※ 김치가 너무 신 경우 설탕 양을 가감해 신맛을 중화하세요.

6 김치가 적당히 익으면 썰어놓은 양파를 넣고 버무리듯 타지 않게 중약불로 볶고 다진 마늘과 고춧가루 1큰술을 넣어주세요. 통깨를 넣어 완성합니다.

미역줄기볶음

썰맨 TIP

	재료	미역줄기를 고를 때는 잘린 두께가 일정한 것을 구입하세요.
	냉털	냉장고에 있는 양파와 당근 등 채소를 함께 넣고 볶아야 영향 균형이 좋아요.
	응용	미역줄기볶음을 잘게 다져서 밥과 함께 참기름과 통깨를 넣어 조물조물 섞어 주먹밥으로 응용해보세요.
	요리	미역줄기볶음에서 비린 맛이 나는 건 미역줄기가 충분히 익지 않아서입니다. 미역줄기에서 타닥타닥하는 소리가 나도록 충분히 볶아야 해요.

3~4인분

비린 맛 없이 반질반질한 미역줄기볶음 레시피입니다.

필수 재료

- ☑ 염장 미역줄기 300g
- ☐ 식용유 2큰술
- ☐ 다진 마늘 ½큰술
- ☐ 양파 ¼개
- ☐ 당근 약간
- ☐ 참기름 1큰술
- ☐ 통깨 약간

양념

- ☐ 국간장 1큰술
- ☐ 멸치액젓 1큰술
- ☐ 참치액 1큰술
- ☐ 미원 ¼큰술(선택)

※ 미역줄기를 데친 뒤 물기를 빼고 볶으면 조리하기가 수월해요.

1 당근과 양파는 채 썰어주세요.

2 소금에 절인 미역줄기를 물에 씻고 졸졸 흐르는 물에 30분~1시간 이상 담가주세요.

※ 삶아서 염분을 제거해도 좋아요.

3 염분 기가 빠진 미역줄기는 가장 두꺼운 부분을 잘라 맛을 보고 짜지 않다면 물기를 뺀 뒤 먹기 좋은 크기로 잘라주세요.

4 프라이팬에 식용유 2큰술, 다진 마늘 ½큰술을 넣고 살짝 볶아주세요.

5 ④에 미역줄기를 넣고 타닥타닥 소리가 날 때까지 볶다가 분량의 양념(미원은 선택)을 넣어주세요.

6 ⑤에 당근채와 양파채를 넣고 한번 더 볶은 다음 참기름 1큰술, 통깨 약간을 올려 마무리합니다.

※ 식당 맛을 원하면 미원을 조금만 넣으세요.

두부조림

썰맨 TIP

재료	두부를 냉동 보관했다가 해동한 후 사용하면 냉동 보관 특유의 특이한 두부 식감을 느낄 수 있어요.
냉털	냉장고 속 생선에 조림장을 넣어 생선찜으로 활용해보세요.
응용	고춧가루를 넣지 않고 간장과 굴소스만 넣으면 아이들 밥반찬으로 만들 수 있습니다.
요리	두부를 너무 바삭하게 익히면 식감이 안 좋을 수 있으니 적당히 익혀주세요.

2~3인분

원 팬으로 만드는 간단한 두부조림입니다.

필수 재료

- ☑ 두부 1모
- ☐ 송송 썬 쪽파 2큰술
- ☐ 식용유 1큰술
- ☐ 들기름 1큰술
- ☐ 청양고추 1개
- ☐ 홍고추 1개

양념

- ☐ 진간장 3큰술
- ☐ 참치액 1큰술
- ☐ 미림 2큰술
- ☐ 물 100ml
- ☐ 고춧가루 1큰술
- ☐ 매운맛 고춧가루 1큰술
- ☐ 다진마늘 1큰술
- ☐ 물엿 2큰술
- ☐ 미원 ⅓큰술(선택)

1 쪽파, 청양고추, 홍고추는 송송 썰어주세요.

2 두부는 먹기 좋은 크기로 잘라주세요.

3 분량의 양념(미원은 선택)을 섞고 ①을 넣어주세요.

4 프라이팬에 식용유와 들기름을 1큰술씩 두른 뒤 잘라놓은 두부를 넣어주세요.

5 두부를 노릇노릇하게 구운 뒤 만들어둔 양념을 올리고 타지 않게 익혀주세요.

6 약한 불로 타지 않게 조리듯 익혀 완성합니다.

두부간장조림

썰맨 TIP		
	재료	개봉한 두부를 모두 사용하지 못할 경우 소금물에 두부가 잠길 정도로 넣은 뒤 밀폐 용기에 담아 보관하세요. 2~3일에 한 번 물을 교환해주면 오랫동안 보관할 수 있습니다.
	냉털	두부는 찌개용보다 부침용을 사용하는 것이 좀 더 단단해 조리하기 쉽지만, 종류 상관없이 냉장고에 있는 것을 사용해도 무방합니다.
	응용	순두부 1개를 5등분해 프라이팬에 졸인 양념을 뿌려 먹어도 맛있어요.
	요리	두부를 기름에 부칠 때 수분을 충분히 제거해야 기름이 튀지 않아 화상을 예방할 수 있어요. 휴대용 가스레인지 기준 앞뒤로 3~4분 정도 중약불로 구우면 노릇노릇해집니다.

3~4인분

남녀노소 누구나 좋아하는 밥반찬 두부간장조림, 쉽게 만들어보세요.

필수 재료

- ☑ 두부 1모
- ☐ 들기름 2큰술
- ☐ 식용유 1큰술

양념

- ☐ 진간장 2큰술
- ☐ 물 3큰술(소주잔 1컵)
- ☐ 굴소스 ½큰술
- ☐ 설탕 1큰술
- ☐ 다진 파 1큰술
- ☐ 다진 마늘 ½큰술
- ☐ 통깨 1큰술

1 두부는 먹기 좋은 크기로 잘라주세요.

2 키친타월로 두부의 물기를 제거해주세요.

3 분량의 양념을 섞어주세요.

4 프라이팬에 들기름 2큰술과 식용유 1큰술을 두른 뒤 ①의 잘라놓은 두부를 넣어주세요.

5 두부를 한 면당 3~5분 정도 노릇노릇하게 구운 뒤 만들어둔 양념을 위에 올리고 타지 않게 익혀주세요.

6 뚜껑을 덮고 조리듯 약한 불로 타지 않게 2분간 익힌 뒤 졸아든 양념을 두부 위에 살짝 끼얹고 불을 끕니다.

※ 두부를 구울 때 딱 한 번만 뒤집으세요.

메추리알조림

썰맨 TIP

재료 — 깐 메추리알 포장지 속 물은 방부제가 아닌 식염수입니다.

냉털 — 깐 메추리알이 없다면 냉장고 속 달걀을 삶아서 사용해도 좋아요.

응용 — 돼지고기장조림으로 응용해도 좋습니다. 간이 싱거울 경우 나중에 간장을 첨가하면 됩니다.

요리 — 깐 메추리알을 조릴 때 양념을 넣고 매운 고추나 마른 고추를 넣으면 칼칼한 조림장으로 활용 가능해요.

5인분

누구나 한 번쯤은 도전해야 할 메추리알조림 레시피를 알려드릴게요.

필수 재료

☑ 깐메추리알 1kg

☐ 생강가루 ½큰술 또는 생강 편 2~3쪽

☐ 마늘 5톨

☐ 꽈리고추 5~6개

양념

☐ 양조간장 5~6큰술
※ 기호에맞게 1큰술 정도는 조절

☐ 미림 5큰술

☐ 치킨 스톡 ½큰술

☐ 설탕 2~3큰술

☐ 후춧가루 약간

1 깐 메추리알 1kg을 채반에 받쳐 식염수를 분리하고 세척하세요. 꽈리고추 5~6개는 꼭지를 다듬고 마늘 5톨도 준비해주세요.

2 메추리알과 마늘을 웍에 모두 넣고 간장 5~6큰술, 미림 5큰술, 후춧가루 약간, 물 250ml를 넣고 타지 않게 한번 끓여주세요.

※ 물을 많이 넣지 마세요.

3 메추리알 표면에 색감을 입힌다는 느낌으로 조리듯 끓이면서 생강가루 ½큰술 또는 생강 편 2~3쪽을 넣어주세요.

※ 불이 세서 양념이 너무 졸았다면 물을 조금 넣어주면 됩니다.

4 치킨 스톡 ½큰술을 넣어 간장의 풍미를 올려줍니다.

5 꽈리고추를 넣고 끓여준 뒤 설탕 2~3큰술을 넣어 단맛을 조절한 다음 한번 더 조려 완성합니다.

※ 메추리알이나 달걀을 까서 사용할 경우 생산일로부터 최소 일주일 이상 지난 것을 사용하면 껍질이 잘 벗겨집니다.

※ 식초를 넣으면 달걀 껍질을 부드럽게 해주는 역할을 합니다.

애호박볶음

썰맨 TIP

	재료	호박은 애호박, 주키니 호박 등 어떤 것도 상관없어요. 적당한 크기로 잘라서 사용하면 됩니다.
	냉털	새우젓이 없다면 꽃소금 또는 맛소금만 넣어도 충분히 맛을 낼 수 있어요.
	응용	호박을 넣기 전에 머리를 제거한 두절 새우를 넣고 호박과 함께 볶으면 더 맛있어요.
	요리	호박을 너무 얇게 썰면 익으면서 물러지니 살짝 도톰하게 자르는 게 조리하기 편해요.

3인분

새우젓으로 감칠맛을 내 간단하게 애호박볶음을 만들어보세요.

필수 재료

- ☑ 애호박 1개
- ☐ 양파(작은 것) ½개
- ☐ 즉석에서 으깬 마늘 1톨 분량
- ☐ 고춧가루 ⅓큰술
- ☐ 통깨 약간
- ☐ 들기름 2큰술

양념

- ☐ 새우젓 ⅔큰술
- ☐ 미원 ¼큰술(선택)

1 애호박 1개를 기호에 맞게 반달 모양으로 썰어 준비해주세요.

2 양파 ½개는 채 썰어 준비해주세요.

3 프라이팬에 들기름 2큰술을 두르고 으깬 마늘 1톨 분량을 살짝 볶아줍니다.

4 볶은 마늘에 새우젓 ⅔큰술과 미원 ¼큰술(선택)을 넣고 타지 않게 중간 불로 익혀주세요.

5 새우젓의 꼬릿한 향이 올라오면 호박을 먼저 넣어 달달 볶은 뒤 고춧가루를 기호에 따라 넣은 다음 섞어준 뒤 양파채 ½개 분량을 넣어서 강한 불로 아주 살짝만 볶아주세요(오버쿡 금지).

6 양파가 어느 정도 익으면 바로 불을 끈 뒤 차가운 그릇이나 접시에 담아 열을 식힙니다. 통깨를 약간 뿌려 마무리합니다.

※ 거피 들깻가루를 마지막에 넣고 버무리면 풍미가 더해집니다.

※ 잔열로도 호박이 익기 때문에 최대한 오버 쿡을 하지 않아야 합니다.

건새우마늘종볶음

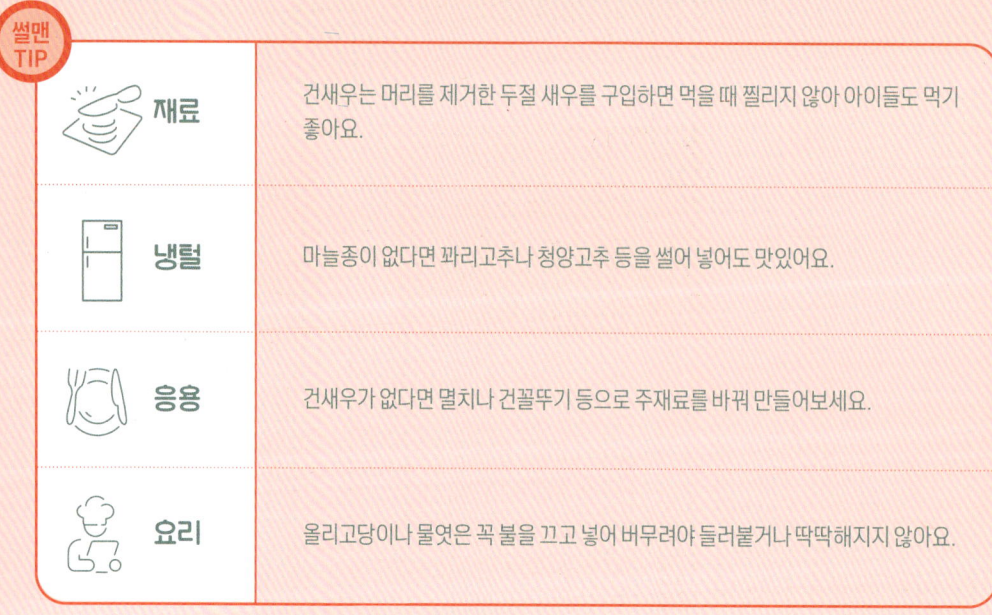

썰맨 TIP

재료	건새우는 머리를 제거한 두절 새우를 구입하면 먹을 때 찔리지 않아 아이들도 먹기 좋아요.
냉털	마늘종이 없다면 꽈리고추나 청양고추 등을 썰어 넣어도 맛있어요.
응용	건새우가 없다면 멸치나 건꼴뚜기 등으로 주재료를 바꿔 만들어보세요.
요리	올리고당이나 물엿은 꼭 불을 끄고 넣어 버무려야 들러붙거나 딱딱해지지 않아요.

3~4인분

호불호 없는 국민 반찬, 건새우마늘종볶음 레시피입니다.

필수 재료

- ☑ 마늘종 ⅓단
- ☐ 마늘 5톨
- ☐ 식용유 1큰술
- ☐ 두절 새우 100g
- ☐ 꽃소금 1작은술

양념

- ☐ 양조간장 1큰술
- ☐ 미림 1큰술
- ☐ 설탕 1큰술
- ☐ 올리고당 2큰술
- ☐ 통깨 ½큰술
- ☐ 참기름 1큰술

※ 올리고당은 가열하면 단맛이 줄어든다는 점 잊지 마세요.

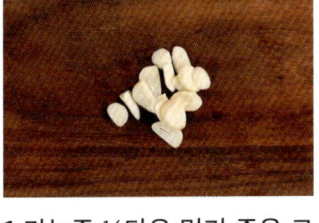

1 마늘종 ⅓단은 먹기 좋은 크기로 잘라 깨끗이 씻어주세요. 마늘 5톨은 편 썰어주세요.

2 썰어놓은 마늘종을 끓는 물에 넣고 꽃소금 1작은술을 넣어서 20초간 데친 뒤 건져내세요.

3 프라이팬에 두절 새우 100g을 넣고 중약불로 살짝 볶아 수분을 날려준 뒤 채반에 올려 부스러기나 수염 등을 분리해주세요.

4 프라이팬에 식용유 1큰술을 두른 뒤 ①의 편 마늘을 넣고 타지 않게 겉면만 볶아주세요.

5 ②의 데친 마늘종을 넣고 볶다가 새우를 넣어 한번 덮어주어 한쪽으로 밀어둔 뒤 양조간장 1큰술, 미림 1큰술을 넣고 설탕 1큰술을 코팅하듯 뿌려주세요.

6 한번 더 섞어서 약한 불로 볶은 뒤 불을 끄고 올리고당 2큰술, 참기름 1큰술, 통깨 ½큰술을 뿌려서 섞어 완성합니다.

식당맛뚝배기달걀찜

썰맨 TIP

재료	달걀 유통기한은 냉장 보관 시 45일 이하이지만 최대한 30일 안에는 먹는 게 좋아요. 포장지의 유통기한을 참고하세요.
냉털	냉장고 속 오래된 달걀을 빠르게 소모할 수 있는 방법으로 달걀찜만 한 것이 없어요. 한번 하고 나면 정말 쉬워요.
응용	달걀찜에 체더치즈나 모차렐라 치즈 등을 넣어서 익히면 술안주로도 좋고 아이들도 좋아해요.
요리	뚝배기 사이즈에 따라서 물 양은 뚝배기의 절반, 달걀물과 합하면 7~8부까지 넣어 간을 맞춰주면 됩니다.

2인분

식당에서 먹던 달걀찜 맛을 집에서도 간단한 조미료로 똑같이 낼 수 있어요.

필수 재료

- ☑ 달걀 3개
- ☐ 꽃소금 약간
- ☐ 송송 썬 쪽파 약간(선택)

양념

- ☐ 멸치 다시다 ¼큰술
- ☐ 미원 약간

1 믹스 볼에 달걀 3개를 깨 넣은 뒤 꽃소금을 약간 넣어 알끈이 풀어지도록 잘 섞어주세요.

2 지름 10cm 뚝배기에 물을 반 정도 부어주세요.

3 분량의 양념을 뚝배기에 넣어 끓여주세요.

4 ①의 소금 간한 달걀물을 넣고 중간 불에서 뚝배기 바닥이 타지 않게 잘 저어주세요.

5 달걀물이 몽글몽글해지면 불을 끄고 뚝배기의 잔열로 달걀찜이 부풀어 오르면 완성입니다.
※ 취향에 따라 송송 썬 쪽파를 올려도 좋아요.

※ 달걀물을 고운 채반에 걸러서 사용하거나 우유를 조금 넣어 섞으면 달걀찜 식감이 부드러워집니다.

고사리볶음

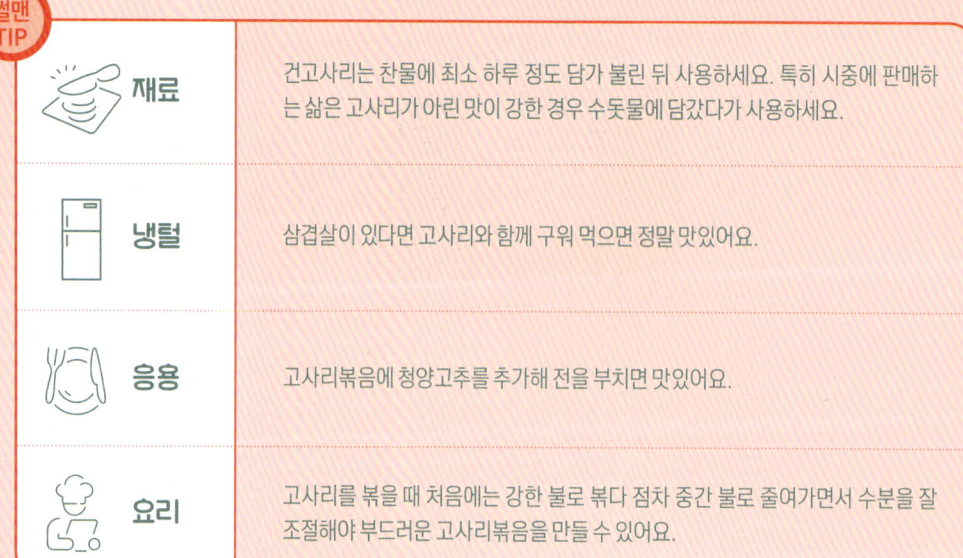

썰맨 TIP

재료		건고사리는 찬물에 최소 하루 정도 담가 불린 뒤 사용하세요. 특히 시중에 판매하는 삶은 고사리가 아린 맛이 강한 경우 수돗물에 담갔다가 사용하세요.
냉털		삼겹살이 있다면 고사리와 함께 구워 먹으면 정말 맛있어요.
응용		고사리볶음에 청양고추를 추가해 전을 부치면 맛있어요.
요리		고사리를 볶을 때 처음에는 강한 불로 볶다 점차 중간 불로 줄여가면서 수분을 잘 조절해야 부드러운 고사리볶음을 만들 수 있어요.

3~4인분

한번 먹으면 멈출 수 없는 중독성 강한 고사리볶음을 간단하게 만드는 법을 알려드릴게요.

필수 재료

- ☑ 고사리 400g
- ☐ 통깨 1큰술
- ☐ 송송 썬 쪽파 또는 대파 1큰술
- ☐ 다진 마늘 ½큰술
- ☐ 들기름 3큰술

양념

- ☐ 꽃소금 ½작은술 이하
- ☐ 멸치 국물(면사랑) 또는 참치액 ⅔큰술

1 고사리 400g을 냄비에 넣고 한번 데쳐서 아린 맛을 없애주세요.

※ 데치는 시간은 3~5분 정도면 충분합니다.

2 데쳐낸 고사리를 찬물에 담가 식힌 뒤 채반에 밭쳐 물기를 제거한 뒤 먹기 좋은 크기로 잘라줍니다.

3 프라이팬에 들기름 3큰술을 넣고 다진 마늘 ½큰술을 넣어 살짝 볶아주세요.

4 잘라놓은 고사리를 넣어 중간 불로 볶아주세요.

5 멸치 국물 원액 또는 참치액 ⅔큰술을 넣은 뒤 꽃소금 ½작은술 이하를 넣어주세요.

※ 꽃소금을 넣으면 국간장으로 간하는 것보다 조금 더 깔끔한 맛을 낼 수 있습니다. 부드러운 식감의 고사리를 원하면 물을 1컵 이하로 넣어 조리듯이 끓여주세요.

6 통깨 1큰술, 송송 썬 쪽파나 대파 1큰술을 넣고 섞어 마무리합니다.

누구나 좋아하는
기사 식당
볶음의 진수

part 05
볶음 요리

주꾸미볶음
제육볶음
오징어볶음
소시지채소볶음
닭볶음탕
닭갈비
차돌박이숙주볶음
소불고기
콩나물불고기
즉석떡볶이

주꾸미볶음

썰맨 TIP

	재료	시중 마트에서 판매하는 블록형 절단 주꾸미는 해동 시 수율이 50% 이하인 저품질 상품이 많으니 주의하세요. 해동 후 잔여 수율 80% 이상인 주꾸미가 좋아요.
	냉털	낚시로 잡은 주꾸미는 내장을 제거한 뒤 물기를 뺀 다음 밀폐해 냉동 보관했다가 꺼내 먹으면 됩니다.
	응용	양념에 얇은 대패 삼겹살과 주꾸미를 재워두었다가 채소를 곁들여 철판에 볶으면 맛있는 주꾸미철판볶음이 됩니다.
	요리	물기가 많을 때는 마지막에 식빵가루를 1큰술 정도 넣어 볶으면 물기를 잡고 풍미를 올릴수 있어요.

2~3인분

매콤한 주꾸미볶음으로 집 나간 입맛을 찾아와볼까요?

필수 재료

- ☑ 절단 주꾸미 300g
- ☐ 양파 ⅓개(50g)
- ☐ 양배추 1줌(50g)
- ☐ 대파 약간
- ☐ 통깨 약간
- ☐ 참기름 1큰술
- ☐ 물엿 약간(선택)

양념

- ☐ 고춧가루 3큰술
- ☐ 매운맛 고춧가루 1큰술
- ☐ 고추기름+화유 1:1로 섞어서 3큰술
- ☐ 고추장 ½큰술
- ☐ 설탕 2큰술
- ☐ 우동 다시 또는 진간장 1큰술
※ 우동 다시를 사용하면 감칠맛이 배가됩니다.
- ☐ 다진 마늘 ½큰술
- ☐ 후춧가루 약간
- ☐ 식빵가루 약간(선택)
- ☐ 미원 ⅓큰술(선택)

1 양파는 채 썰고, 양배추와 대파는 먹기 좋은 크기로 잘라 준비해주세요.

2 분량의 재료(식빵가루와 미원은 선택)로 양념을 만들어놓습니다.

3 프라이팬에 주꾸미를 넣고 강한 불에 볶아준 뒤 양념 반을 넣고 한번 볶아주세요. 그런 다음 준비한 양파와 양배추를 넣고 나머지 양념을 넣어 볶아주세요.

※ 주꾸미는 생물 주꾸미보다 냉동 절단 주꾸미를 흐르는 물에 해동한 후 채반에 받쳐 물기를 빼서 사용하세요. 키친타월로 수분을 제거해도 좋아요. 생물 주꾸미를 사용할 경우 밀가루에 치대듯 문질러준 후 씻어서 사용하세요. 생물 주꾸미는 물기를 최대한 제거한 다음 끓는 물에 살짝 데치면 볶을 때 수분이 많이 나오지 않습니다.

4 대파를 넣고 채소의 숨이 너무 죽지 않게 볶은 뒤 통깨와 참기름으로 마무리합니다.

※ 단맛이 부족할 경우 마지막에 버무릴 때 추가로 물엿을 넣어 조절하면 됩니다.

제육볶음

썰맨 TIP

	재료	산뜻한 단맛을 원하면 설탕이나 물엿 양을 줄이고 매실액을 넣어보세요.
	냉털	제육용 고기가 아니더라도 모든 종류의 돼지고기볶음 양념으로 사용 가능합니다.
	응용	제육볶음에 물을 약간 더 넣고 조리듯이 볶으면 제육덮밥을 만들 수 있습니다.
	요리	제육볶음용 고기는 앞다리나 목살을 사용하면 좋고 살코기와 지방층이 적당하게 섞여 있어야 퍽퍽하지 않은 제육볶음을 만들 수 있어요.

3인분

누구나 좋아하는 식당 맛 제육볶음 만드는 방법을 소개합니다.

필수 재료

- ☑ 제육볶음용 돼지고기 300g
- ☐ 양파 ½줌(25g)
- ☐ 양배추 ½줌(25g)
- ☐ 대파 ¼대
- ☐ 케첩 ½큰술(선택)

양념

- ☐ 설탕 1큰술
- ☐ 진간장 1큰술
- ☐ 굴소스 ½큰술
- ☐ 고추장 1큰술
- ☐ 중간 입자 고춧가루 1큰술
- ☐ 매운 고춧가루 1큰술
- ☐ 미원 약간
- ☐ 참기름 약간
- ☐ 후춧가루 약간
- ☐ 마늘 3톨
- ☐ 청양고추 2개
- ☐ 미림 1큰술

1 양파는 채 썰고 양배추는 작은 크기로 넓적 썰어 준비해주세요.

2 대파도 넓적 썰어 준비하고 돼지고기도 먹기 좋은 크기로 잘라주세요.

3 볼에 돼지고기를 넣고 분량의 양념을 넣어 버무린 뒤 재워주세요.

※ 2~3시간 정도면 간이 충분히 배어듭니다.

4 프라이팬에 재워둔 돼지고기를 넣고 물을 약간 넣어 타지 않게 볶아주세요.

5 고기가 모두 익은 뒤 양배추와 양파, 대파를 넣고 양념과 섞는다는 느낌으로 볶아 완성합니다.

※ 케첩 ½큰술을 넣으면 감칠맛과 청량감이 배가되어 느끼함을 잡아줄 수 있어요. 특히 프라이팬 조리도 좋지만 숯불구이용 양념으로 궁합이 좋아요.

오징어볶음

썰맨 TIP

	재료	냉동 오징어나 생물 오징어, 어느 것이나 사용해도 상관없어요.
	냉털	냉동 오징어를 사용할 때는 찬물에 담가 해동해야 식감이 좋아요.
	응용	갑오징어볶음도 같은 방식으로 조리하면 맛있습니다.
	요리	오징어볶음의 핵심은 넘치지 않는 물기입니다. 고춧가루가 타지 않게 불 조절을 잘 하세요.

3인분

물기 없는 오징어볶음은 비법이 아닌 순서!

필수 재료

- ☑ 손질한 오징어 2마리
- ☐ 고추기름 2큰술
- ☐ 식용유 2큰술
- ☐ 청양고추 2개
- ☐ 양파 ½개(100g)
- ☐ 당근 약간

※ 채 썬 상태 기준 1큰술

- ☐ 대파 약간

※ 어슷 썬 상태 기준 2큰술

- ☐ 다진 마늘 1큰술
- ☐ 다진 생강 ¼큰술

양념

- ☐ 진간장 2큰술
- ☐ 고추장 1큰술
- ☐ 고춧가루 2큰술
- ☐ 설탕 1큰술
- ☐ 미원 약간
- ☐ 후춧가루 약간
- ☐ 참기름 약간
- ☐ 통깨 약간

1 양파와 당근, 대파는 채 썰어 주세요.

2 오징어는 껍질을 벗겨 먹기 좋은 크기로 잘라서 준비해주세요.

3 프라이팬에 식용유와 고추기름 2큰술을 두르고 오징어를 모두 넣은 뒤 살짝 익혀줍니다.

4 고춧가루 2큰술, 진간장 2큰술, 고추장 1큰술을 넣고 오징어에 간이 배게 해주세요.

5 양파채와 당근채를 넣은 뒤 채소에서 나온 수분에 설탕 1큰술, 다진 마늘 1큰술, 다진 생강 ¼큰술을 넣어 타지 않게 볶아주세요.

6 어슷 썬 청양고추와 미원 약간을 넣고 볶다가 대파채를 넣어 볶아주세요. 마지막으로 참기름 약간, 후춧가루와 통깨 약간을 넣어주면 물기 없는 오징어볶음이 완성됩니다.

※ 물기가 있을 경우 고춧가루를 넣으면 팬의 물기가 없어집니다.

소시지채소볶음

썰맨 TIP

| 재료 | 시중에서 가장 쉽게 구할 수 있는 맛있는 비엔나소시지는 단연 목우촌사의 비엔나소시지입니다. |

| 냉털 | 스모크 햄이나 삶은 파스타를 약간 넣어서 조리해도 좋아요. |

| 응용 | 냉동 칵테일 새우를 살짝 데쳐서 넣으면 훨씬 더 풍성한 식감과 맛을 느낄 수 있어요. |

| 요리 | 소시지에 칼집을 넣어서 데치면 소시지가 터지지 않아 예쁘게 만들 수 있어요. |

4인분

술안주, 밥반찬으로 이것만 한 게 있나요? 소시지채소볶음 레시피입니다.

필수 재료

- ☑ 비엔나소시지 1봉지
- ☐ 깍둑 썬 양파 ⅓개
- ☐ 깍둑 썬 파프리카 컬러별 ⅓개
- ☐ 브로콜리 6개(선택)
- ※ 손질된 냉동 브로콜리도 사용 가능
- ☐ 식용유 1큰술
- ☐ 통깨 1큰술

양념

- ☐ 케첩 5큰술
- ☐ 설탕 1큰술
- ☐ 고추장 ½큰술
- ☐ 굴소스 ½큰술
- ☐ 다진 마늘 ½큰술

1 양파와 파프리카(컬러별로 ⅓개 분량)는 넓적 썰어 준비해 주세요.

※ 브로콜리는 선택이지만 영양소와 예쁜 색감을 위해 데쳐서 넣으면 좋아요.

2 소시지에 칼집을 낸 뒤 냄비에 소시지가 잠길 만큼 물을 넣고 소시지를 넣어 데친 뒤 건져 내주세요.

※ 기호에 따라 문어 모양도 무방

3 분량의 재료로 양념을 만들어주세요.

4 프라이팬에 식용유 1큰술을 두르고 비엔나소시지를 넣은 뒤 타지 않게 볶은 다음 채소를 모두 넣어 한번 더 볶아주세요.

5 만들어놓은 양념장 ⅔ 분량을 넣은 뒤 섞듯이 볶습니다.

※ 기호에 따라 간을 보며 남은 양념장이 필요하면 사용하세요.

6 소스의 수분이 날아가면서 엉기듯이 윤기가 흐르면 약한 불로 줄인 뒤 통깨 1큰술을 뿌려 마무리합니다.

닭볶음탕

썰맨 TIP

재료 — 뼈 있는 생닭을 이용해도 좋지만 순살이나 닭봉 등 부위별 정육 닭을 이용해도 좋아요.

냉털 — 돼지갈비나 돼지 뼈를 넣고 같은 방식으로 만들어도 맛있어요.

응용 — 고춧가루와 고추장을 넣지 않고 간장 베이스에 당면을 넣으면 간장찜닭으로 응용 가능합니다. 당면은 필수겠죠?

요리 — 닭을 프라이팬에 살짝 구운 뒤 끓이면 감칠맛이 더욱 배가됩니다.

4인분

대부분의 사람들이 모르는 대박집 닭볶음탕 만드는 비법을 알려드릴게요.

필수 재료

- ☑ 닭볶음탕용 닭 1마리
- ☐ 감자 3개
- ☐ 양파 ½개
- ☐ 당근 약간(선택)
- ☐ 대파 1대
- ☐ 청양고추 약간(선택)
- ☐ 홍고추 약간(선택)

※ 생닭 염지물

물 1L, 소금 1큰술, 미원 1작은술, 다진 마늘 1큰술, 후춧가루 약간(1~2시간 염지)

양념

- ☐ 양조간장 5큰술
- ☐ 고추장 1큰술
- ☐ 굴소스 1큰술
- ☐ 설탕 3큰술
- ☐ 고춧가루 4큰술
- ☐ 아주 매운맛 고춧가루 1큰술
- ☐ 미원 1작은술
- ☐ 다진 마늘 1큰술
- ☐ 생강 1~2쪽

※ 바로 먹어도 좋지만 하루 재워두거나 끓이면서 먹으면 제맛이 납니다.

1 감자, 당근(선택)은 먹기 좋은 크기로 썰고 양파는 깍둑 썰고, 고추(선택)는 채 썰고, 대파는 먹기 좋은 크기로 썰어줍니다.

2 팩에서 바로 꺼낸 닭을 염지물에 넣어 1~2시간 이상 염지해주세요.

※ 팩 포장되어 있는 생닭의 경우 씻지 말고 바로 사용해야 안전합니다.

3 염지를 마친 닭을 그대로 꺼내 웍에 넣어주세요.

4 물 1L를 넣고 간장 5큰술, 설탕 3큰술을 넣어 10분간 끓여주세요.

5 썰어놓은 감자와 당근을 넣고 5분간 끓인 뒤 나머지 분량의 양념을 모두 넣고 10분간 중약불로 타지 않게 끓입니다.

6 넓은 전골냄비에 익힌 닭과 감자를 옮겨 넣은 뒤 양파와 대파, 고추(선택)를 넣고 자박하게 끓이면서 먹습니다.

닭갈비

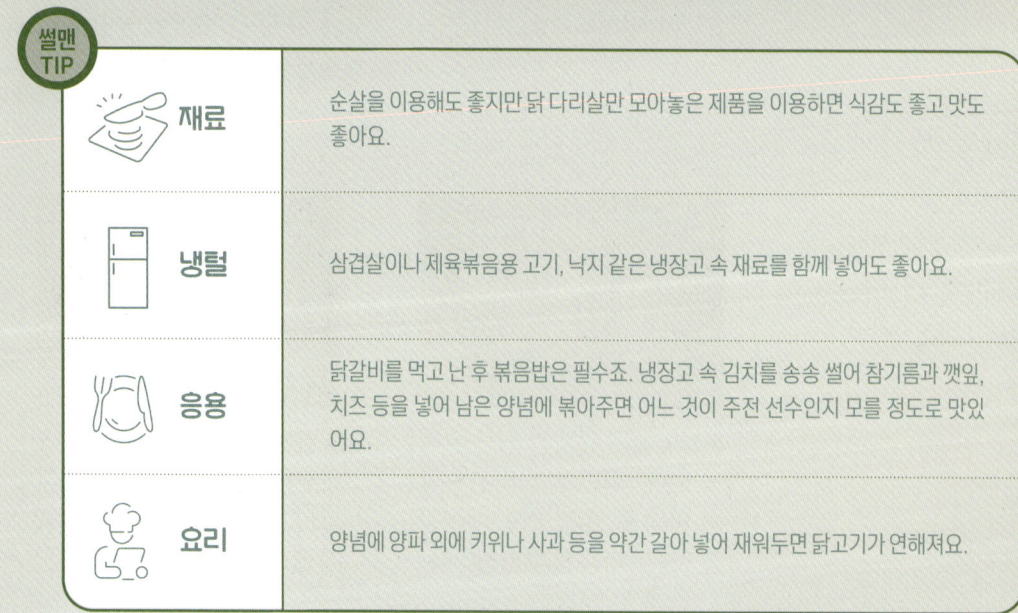

썰맨 TIP

재료	순살을 이용해도 좋지만 닭 다리살만 모아놓은 제품을 이용하면 식감도 좋고 맛도 좋아요.
냉털	삼겹살이나 제육볶음용 고기, 낙지 같은 냉장고 속 재료를 함께 넣어도 좋아요.
응용	닭갈비를 먹고 난 후 볶음밥은 필수죠. 냉장고 속 김치를 송송 썰어 참기름과 깻잎, 치즈 등을 넣어 남은 양념에 볶아주면 어느 것이 주전 선수인지 모를 정도로 맛있어요.
요리	양념에 양파 외에 키위나 사과 등을 약간 갈아 넣어 재워두면 닭고기가 연해져요.

4인분

점심 식사로 먹었다가 술상으로 끝나는 닭갈비 레시피입니다.

필수 재료

- ☑ 닭 다리살 600g
- ☐ 양배추 400g
- ☐ 양파 ½개
- ☐ 대파 1대
- ☐ 깻잎 10장
- ☐ 떡 100g
- ☐ 고구마 1개
- ☐ 넓적 당면 약간(선택)

양념

- ☐ 간 양파 3큰술
- ☐ 고추장 1큰술
- ☐ 고춧가루 2큰술
- ☐ 매운 고춧가루 1큰술
- ☐ 진간장 3큰술
- ☐ 물엿 2큰술
- ☐ 설탕 1큰술
- ☐ 굴소스 1큰술
- ☐ 참기름 1큰술
- ☐ 다진 마늘 1큰술
- ☐ 미원 ¼큰술
- ☐ 카레가루 ¼큰술
- ☐ 꽃소금 약간
- ☐ 후춧가루 약간

1 분량의 재료로 양념을 만들어주세요.

※ 양념장은 하루 정도 재워두면 좋지만 바로 사용해도 됩니다.

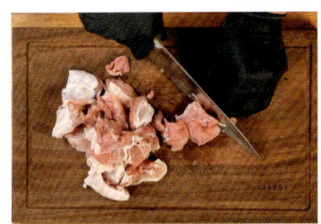

2 닭 다리살을 씻어 먹기 좋은 크기로 잘라주세요.

3 양념 2큰술을 손질한 닭 다리살에 넣고 버무린 뒤 1~2시간 정도 재워두세요.

4 양배추, 양파, 고구마, 깻잎, 대파 등을 손질해서 잘라주세요.

5 널찍한 프라이팬 바닥에 양배추를 깔고 양파, 고구마, 떡, 당면(선택), 깻잎, 대파 등을 차례대로 올립니다.

6 재워두웠던 닭 다리살과 양념 2큰술을 추가로 올려주고 강한 불-중간 불-약한 불 순으로 바꿔가면서 바닥이 타지 않게 섞으면서 볶아 완성합니다.

차돌박이숙주볶음

썰맨 TIP

	재료	부추나 대파, 당근을 넣으면 색감이 더욱 조화롭고 향도 좋아요.
	냉털	대패 삼겹살을 차돌박이 대신 이용해도 좋습니다.
	응용	냉동 우동 면을 해동한 후 굴소스를 ½큰술 넣고 함께 조리하면 술안주로 응용할 수 있어요.
	요리	소스를 만들 때 아주 매운 고춧가루를 1작은술 넣으면 칼칼한 술안주로도 좋아요.

2인분

세상 간단한 차돌박이숙주볶음 레시피로 맛있게 한 끼 먹어보세요.

필수 재료

☑ 차돌박이 200g

☐ 숙주 300g

☐ 마늘 4~5톨

☐ 베트남 고추 또는 페페론치노 또는 청양고추 약간(셋 중 선택)

☐ 통깨 약간

양념

☐ 진간장 2큰술

☐ 굴소스 1큰술

☐ 맛술 2큰술

☐ 물엿 1큰술

☐ 참기름 1큰술

☐ 후춧가루 약간

1 프라이팬에 차돌박이와 편으로 썬 마늘을 넣고 볶아주세요.

2 차돌박이가 70% 정도 익으면 분량의 재료로 만든 양념 2~3큰술을 넣고 한번 볶은 뒤 채 썬 청양고추나 베트남 고추를 넣고 익힌 다음 차돌박이만 골라 접시에 담아주세요.

3 차돌박이를 볶았던 웍에 숙주를 넣고 강한 불로 볶아주세요.

4 남은 양념 3~4큰술을 넣어 숨이 너무 죽지 않게 짧고 강하게 볶아주세요.

※ 베트남 고추를 으깨서 넣으면 청량감이 생깁니다.

5 아삭하게 익은 숙주를 접시에 놓고 볶아놓은 차돌박이를 숙주 위에 올린 다음 통깨를 약간 뿌립니다.

소불고기

썰맨 TIP		
	재료	불고기는 한우도 좋지만 수입산 불고기도 충분히 냉장 해동해서 사용하면 맛있습니다(양념에 키위 또는 사과 2큰술 필수).
	냉털	얇은 돼지고기 앞다리 살을 사용하면 돼지불고기가 됩니다.
	응용	뚝배기에 물을 약간 넣고 물에 불린 당면이나 팽이버섯 등을 넣어 끓이면 뚝배기불고기로 응용할 수 있어요. 양념은 취향에 따라 조절하면 됩니다.
	요리	부드러운 불고기 식감을 원하면 키위나 사과, 파인애플 등의 과일을 갈아 2큰술을 넣어 2시간 이상 재워두세요. 고기가 산화되어 연해져요.

3인분

식당 맛 불고기 양념을 집에서도 맛볼 수 있는 방법을 알려드립니다.

필수 재료

- ☑ 불고기 450g
- ☐ 양파채 ⅓개
- ☐ 대파채 약간

※ 부추도 무방합니다.

- ☐ 양배추 약간(50g, 선택)
- ☐ 당근채 약간(색감용)
- ☐ 느타리버섯 ½줌

※ 표고, 팽이버섯 등 종류 무관

- ☐ 통깨 약간

양념

- ☐ 진간장 2큰술

※ 간장 종류를 우동 다시로 이용하면 더욱 맛있어요.

- ☐ 설탕 2큰술
- ☐ 다진 마늘 1큰술
- ☐ 생강 ⅛큰술
- ☐ 꽃소금 ¼큰술
- ☐ 미원 ¼큰술
- ☐ 후춧가루 약간
- ☐ 참기름 ½큰술
- ☐ 미림 2큰술

1 양파와 당근은 채 썰고 대파는 크게 썰어주세요.

※ 양배추도 넣어주면 달콤함과 풍미가 좋아집니다. 버섯은 어떤 종류든 상관없습니다.

2 분량의 양념 재료를 준비된 소불고기에 모두 넣어 재워주세요.

3 프라이팬을 강한 불로 달군 뒤 재워둔 고기를 모두 넣고 50% 정도 앞뒤로 익힙니다.

4 양배추(선택), 느타리버섯, 양파, 당근, 대파 순으로 넣고 타지 않게 볶은 뒤 통깨 약간을 뿌려 마무리합니다.

콩나물불고기

썰맨 TIP		
	재료	종류에 상관없이 집에 있는 얇은 고기를 이용하면 됩니다.
	냉털	냉장고에 콩나물이 없다면 양배추나 양파, 대파 등을 듬뿍 넣어주세요. 고구마나 감자 등의 사리를 추가하는 변신은 무죄!
	응용	삼겹살뿐 아니라 주꾸미나 냉동 낙지 등을 추가하고 매운 고춧가루를 넣어 조리하면 더욱 맛있는 불낙으로도 응용 가능해요.
	요리	프라이팬 바닥에 식용유를 아주 약간 넣으면 조리하기 좋아요.

3인분

당장 장사 시작해도 손색없는 콩나물불고기 레시피입니다.

필수 재료

- ☑ 콩나물 2봉지
- ☐ 대패 삼겹살 200g
- ☐ 마늘 5톨
- ☐ 청양고추 2개
- ☐ 대파 1대
- ☐ 양파 ⅓개
- ☐ 느타리버섯 약간

양념

- ☐ 고추장 1큰술
- ☐ 고춧가루 2큰술
- ☐ 매운 고춧가루 1큰술
- ☐ 다진 마늘 1큰술
- ☐ 설탕 1큰술
- ☐ 진간장 2큰술
- ☐ 미림 2큰술
- ☐ 후춧가루 약간
- ☐ 참기름 1큰술
- ☐ 미원 ¼큰술
- ☐ 굴소스 ½큰술

1 양파는 채 썰고, 대파는 넓적 썰고, 느타리는 잘게 찢어 준비해주세요.

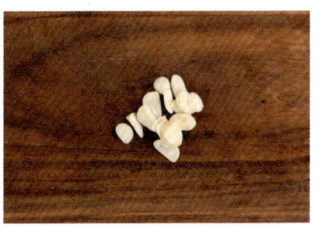

2 마늘은 편으로 두툼하게 썰고, 청양고추는 어슷 썰어주세요.

3 분량의 재료를 잘 섞어서 양념을 만들어주세요.

※ 냉장 숙성 후 사용하면 더욱 맛있어요.

4 깨끗이 씻은 일자 콩나물과 양파채를 프라이팬에 올린 뒤 숙성된 양념 1큰술을 콩나물 위에 넣어주세요.

5 그 위에 삼겹살, 느타리버섯, 편 마늘, 고추를 올린 뒤 나머지 양념을 모두 넣어주세요.

6 양념 위에 대파를 올린 뒤 팬 바닥에 물을 약간 넣어 뚜껑을 닫고 익힌 다음 3~5분 뒤 뚜껑을 열고 재료를 섞어주듯 볶아 완성합니다.

※ 기호에 따라 우동 면이나 넓적 당면을 넣으면 더 맛있어요.

즉석떡볶이

썰맨 TIP

	재료	쫄깃한 식감을 좋아한다면 쌀떡을, 간이 밴 떡이 좋다면 밀떡을 추천합니다.
	냉털	냉동실에 있는 튀김이나 군만두 등을 넣으면 더 맛있어요.
	응용	차돌박이를 넣으면 차돌떡볶이를 만들 수 있어요.
	요리	· 양념장을 만들 때 퍽퍽하다면 물을 조금 넣어 농도를 조절하세요. · 끓여가면서 먹는 즉석떡볶이의 특성상 양념을 처음부터 다 넣지 말고 양을 조절하세요.

3~4인분

집에서도 밖에서 사 먹는 맛, 즉석떡볶이를 즐겨보세요.

필수 재료

☑ 밀떡 200~300g

☐ 양배추 150g

☐ 양파 ¼개

☐ 대파 1대

☐ 넓적한 어묵 4장

☐ 당근 약간

☐ 라면 1개(선택)

☐ 군만두 2~3개(선택)

☐ 물에 불린 당면 1줌 (50g, 선택)

☐ 달걀 2개(선택)

양념

☐ 고추장 2큰술

☐ 진간장 1큰술

☐ 물엿 1~2큰술(조절)

☐ 중간 입자 고춧가루 1+½큰술

☐ 매운 고춧가루 1+½큰술

☐ 춘장 ½큰술

☐ 설탕 1큰술

☐ 미원 ⅓큰술

☐ 멸치 다시다 1큰술

☐ 라면 수프 ⅓큰술

☐ 물 ⅓컵(종이컵 기준)

※ 냉동 떡은 끓으면서 표면이 갈라질 수 있으니 물에 담갔다가 사용하세요.

1 당근과 양파는 채 썰고, 대파는 송송 썰고, 양배추는 먹기 좋은 크기로 잘라줍니다.

2 볼에 분량의 양념 재료를 넣어 잘 섞어주세요.

3 냄비에 양배추를 깔고 양파, 떡, 당면(선택), 먹기 좋은 크기로 썬 어묵, 군만두(선택), 당근, ②의 양념, 송송 썬 대파를 넣고 물 400ml 정도 넣어 끓여줍니다.

※ 취향에 따라 삶은 달걀을 넣어도 좋아요.

4 어느 정도 익으면 라면(선택)을 넣어 한소끔 끓여 완성합니다.

소문낫 맛집의
시원 칼칼한
면 치기

part 06
면 요리

잔치국수
비빔국수
김치칼국수
바지락칼국수
장칼국수
우동
볶음우동
메밀국수
들기름간장국수
고급짬뽕
닭칼국수

잔치국수

썰맨 TIP

	재료	소면이 없다면 칼국수를 넣어서 끓여도 좋아요.
	냉털	냉장고에 묵은 김치가 있다면 송송 썰어 고명으로 올리면 깔끔하고 맛있어요.
	응용	육수에 한소끔 따로 익힌 어묵을 넣으면 든든한 식사와 술안주로 제격이에요.
	요리	국물 간을 조금 싱겁게 하고 잔치국수에 간장 4큰술, 고춧가루 1큰술, 다진 마늘 ½큰술, 송송 썬 대파 1큰술, 다진 청양고추 1큰술, 통깨 약간을 넣어 양념간장국수를 만들어보세요.

1~2인분

집에서도 유명 맛집 잔치국수를 만들 수 있어요. 멸치 향 가득한 깔끔 담백한 잔치국수 레시피입니다.

필수 재료

☑ 소면 100~120g
(구포국수 추천)
☐ 손질한 국물용 멸치 20g
☐ 양파채 30g
☐ 대파 10g
☐ 청양고추 1개
☐ 대파 약간(고명용)
☐ 김가루 약간
☐ 당근채 약간
☐ 꽃소금 약간

양념

☐ 국간장 1큰술
☐ 멸치액젓 1큰술
☐ 미원 약간
☐ 멸치다시다 ⅓큰술
☐ 후춧가루 약간

1 냄비에 물 1.1L를 넣고 끓여주세요.

2 국물용 멸치와 채 썬 양파, 넓적하게 썰어놓은 대파, 송송 썬 청양고추를 넣고 10분간 끓여주세요.

3 우려낸 멸치와 양파, 대파, 청양고추를 채망으로 걷어내고 분량의 양념 재료를 넣은 뒤 한소끔 끓여주세요.

※ 새한식품 멸치국수 분말도 추천합니다.

4 넓고 깊은 냄비에 물과 꽃소금을 조금 넣고 끓인 뒤 소면을 넣어 3분~3분 30초간 삶아주세요.

※ 국수를 그릇에 담을 때 소면을 끓인 냄비에서 집게로 면을 잡아 돌돌 말아서 넣으면 식당에서 먹는 것처럼 예쁜 잔치국수가 완성됩니다.

5 끓인 소면은 차가운 물에 헹궈 전분 기를 제거해주세요.

※ 1인분 양 정도는 물을 넉넉하게 넣고 끓이면 바로 건져서 국수 용기에 담아도 됩니다.

6 끓여놓았던 ③의 국물을 국수에 넣고 대파, 당근채, 김가루 등의 고명을 올려 마무리합니다.

비빔국수

	썰맨 TIP	
	재료	소면 대신 중면이나 칼국수 생면을 넣어도 됩니다.
	냉털	쌈무가 없다면 신 김치를 꼭 짜서 송송 썰어 넣어도 식감과 맛이 좋아집니다.
	응용	칼국수나 쫄면 등을 넣어도 맛있어요.
	요리	소면을 삶을 때 물을 조금 더 많이 넣고 끓이면 면이 엉키지 않아 맑게 끓일 수 있어요.

2~3인분

집에 있는 간단한 식재료로 식당 맛 비빔국수를 만들 수 있는 레시피예요.

필수 재료

- ☑ 소면 130g
- ☐ 오이 약간
- ☐ 당근 약간
- ☐ 쌈무 약간
- ☐ 달걀 ½개
- ☐ 통깨 약간
- ☐ 참기름 ⅓큰술
- ☐ 소금 약간

양념

- ☐ 고춧가루 2큰술
- ☐ 고추장 2큰술
- ☐ 진간장 1큰술
- ☐ 백설탕 2큰술
- ※ 올리고당 또는 물엿으로 대체 가능
- ☐ 다진 마늘 1큰술
- ☐ 참기름 1큰술
- ☐ 미원 ¼큰술(선택)
- ☐ 양조식초 1~2큰술
- ☐ 소고기 다시다 ⅓큰술
- ☐ 통깨 약간
- ☐ 배 음료 3큰술

1 오이, 쌈무, 당근은 채 치고, 달걀은 삶아서 깐 뒤 잘라서 고명으로 준비해주세요.

2 분량의 재료(미원은 선택)로 비빔국수 양념을 만들어주세요.

3 냄비에 물을 넣고 소금을 조금 넣어서 끓인 뒤 소면을 넣어 3분간 익혀주세요.

4 익은 소면을 물에 헹궈주세요.

※ 소면은 찬물에서 모양을 잡아 그릇에 넣어주면 보기 좋아요.

5 그릇에 물기 뺀 소면을 올린 뒤 참기름을 ⅓큰술 둘러 달라붙지 않게 해주세요.

6 소면에 양념을 1~2큰술 이하로 조절해서 넣은 뒤 준비해놓은 고명과 통깨를 올려 마무리합니다.

김치칼국수

썰맨 TIP		
	재료	김치칼국수의 맛은 김치가 좌우합니다. 특히 배추김치의 줄기를 얇게 저며서 사용하면 국물 맛이 훨씬 더 풍부해집니다.
	냉털	냉동실 속 만두나 떡국 떡 등을 넣어도 좋아요.
	응용	생수제비를 이용해서 칼국수와 감자를 추가하면 김치수제비가 완성됩니다.
	요리	시중에 나와 있는 멸치 밑국물 중 국산 멸치 베이스로 만든 상품이 많습니다.

1~1.5인분 　　　　냉장고 속 잘 익은 김치로 만드는 면 요리. 김치칼국수가 딱이죠!

필수 재료

- ☑ 잘 익은 배추김치 150g
- ☐ 생면 1개(1인분)
- ☐ 대파 약간
- ☐ 김가루 약간
- ☐ 마늘 1~2톨
- ☐ 청양고추 1개(선택)

양념

- ☐ 손질한 국물용 멸치 20g
- ※ 멸치 밑국물 육수 2큰술 이하
- ☐ 건새우 5g(선택)
- ☐ 고춧가루 1큰술(선택)
- ☐ 국간장 1큰술
- ☐ 멸치액젓 ½큰술
- ☐ 설탕 ⅓큰술
- ☐ 미원 약간(선택)
- ☐ 멸치 다시다 ½큰술(선택)

1 대파는 먹기 좋은 크기로 자르고, 마늘은 편 썰고, 기호에 따라 청양고추 1개(선택)도 어슷 썰어주세요. 그런 다음 잘 익은 배추김치를 잘라주세요.

※ 1인분 김치의 양은 150g 이하입니다.

2 물 1.2L에 국물용 멸치를 넣고 10분간 끓이세요.

※ 멸치 국물 내는 과정이 번거롭다면 면사랑사의 멸치 밑국물 2큰술 이하를 넣어 사용하세요.

3 멸치를 채망으로 걷어낸 뒤 썰어놓은 배추김치를 넣어주세요.

※ 건새우 5g을 넣으면 국물의 풍미를 끌어올리고 김치의 신맛이 중화됩니다.

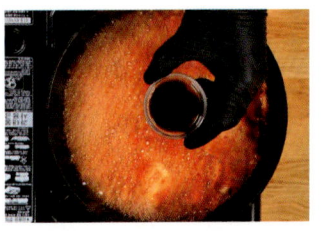

4 국간장 1큰술, 멸치액젓 ½큰술, 멸치 다시다 ½큰술(선택)을 넣고 설탕 ⅓큰술, 미원 약간(선택)을 넣어주세요.

5 국물이 끓기 시작하면 생면을 넣고 제품에 따라 4~5분간 끓여주세요.

6 청양고추, 편 마늘을 넣고 칼칼한 맛을 원하면 고춧가루를 넣은 뒤 칼국수를 그릇에 옮겨 담고 대파, 김가루를 올려 마무리합니다.

바지락칼국수

썰맨 TIP

	재료	냉동 바지락은 자연 해동한 후 이용하면 국물이 잘 우러나요.
	냉털	냉동실 속 해산물을 넣으면 해물칼국수로 먹을 수 있습니다.
	응용	칼국수 생면이 없다면 소면을 이용해도 좋아요.
	요리	바지락을 해감할 때는 주변을 어둡게 하고 쇠 수저 등을 함께 넣어놓으면 이물질을 완벽하게 제거할 수 있어요.

1~1.5인분

바다 향기를 가득 품은 바지락칼국수의 시원한 국물 비법은 황태채! 유명 맛집 바지락칼국수 맛, 집에서도 내보세요.

필수 재료

☑ 바지락 2봉지

※ 많이 넣을수록 맛있어요.

☐ 건새우 1큰술

☐ 황태채 3큰술

☐ 대파 ½대

☐ 당근 약간

☐ 양파채 1컵

☐ 호박채 약간

☐ 칼국수 생면 1~1.5인분

☐ 후춧가루 약간

☐ 조개 다시다 ⅓큰술(선택)

☐ 청양고추 1개(선택)

양념

☐ 국간장 1큰술

☐ 멸치액젓 1큰술

☐ 미원 ⅓큰술

1 해감한 바지락은 깨끗이 씻고, 대파는 어슷 썰고, 양파와 당근, 호박은 채 썰어주세요.

2 물 1L에 자른 황태채 3큰술, 바지락, 건새우를 넣고 10분간 끓여주세요.

※ 해물에서 나오는 거품을 잘 걷어서 깔끔한 기본 국물을 만들어주세요.

3 10분 뒤 바지락과 건새우, 황태채를 채반으로 걷어내세요.

4 국물을 한번 더 끓인 뒤 분량의 양념을 넣고 칼국수 면을 넣어 끓여주세요.

※ 국물 내면서 700ml로 맞추기

5 칼국수가 절반 정도 익으면 준비한 채소와 어슷 썬 청양고추(선택)를 넣고 건져냈던 해물을 올립니다.

※ 이때 조개 다시다를 약간 넣으면 훨씬 더 맛있어집니다.

6 총 4~5분간 끓인 칼국수를 그릇에 담고 후춧가루를 뿌려냅니다.

※ 시중에 판매하는 생칼국수 면은 일반 면보다 시금치 또는 치자 같은 재료를 넣은 혼합 칼국수가 훨씬 더 맛있어요.

장칼국수

썰맨 TIP

	재료	장칼국수의 고추장은 재래식 고추장보다 시판용 찹쌀고추장이 맛 내기 쉬워요.
	냉털	냉장고 속 호박, 감자, 버섯 등을 양껏 넣어도 좋습니다.
	응용	장칼국수 베이스를 이용해 감자칼국수나 얼큰수제비로 응용할 수 있습니다.
	요리	시중에 나와 있는 멸치 밑국물 중 국산 멸치 베이스로 만든 상품이 많습니다(면사랑 멸치육수, 새한 멸치 국수 분말 추천).

1~1.5인분

강릉까지 가지 않아도 집에서 맛볼 수 있는 장칼국수 레시피입니다.

필수 재료

- ☑ 칼국수 생면 1개(1인분)
- ☐ 호박 약간
- ☐ 양파 약간
- ☐ 대파 약간
- ☐ 청양고추 1개(선택)
- ☐ 김가루 약간
- ☐ 통깨 약간
- ☐ 손질한 국물용 멸치 20g
- ※ 멸치 밑국물 2큰술 이하
- ☐ 건새우 5g

양념

- ☐ 고추장 2큰술
- ☐ 고춧가루 1+½~2큰술
- ☐ 국간장 1큰술
- ☐ 멸치액젓 ½큰술
- ☐ 설탕 ⅓큰술
- ☐ 멸치 다시다 ½큰술
- ☐ 미원 약간(선택)
- ☐ 소고기 다시다 ⅓큰술(선택)

※ 장칼국수의 핵심은 고추장의 맛과 이에 따른 염도를 잘 파악해서 간을 맞추는 작업입니다. 한번에 많은 양을 넣는 것보다 조금씩 나누어서 넣으면 조리하기 쉬워요.

1 호박과 양파는 채 썰고 대파는 송송 썰어주세요. 청양고추 1개(선택)도 어슷 썰어주세요.

※ 가장 매운맛을 원하면 청양고추를 넣어도 좋아요.

2 물 1.2L에 국물용 멸치, 건새우를 넣어 10분간 끓여주세요.

※ 멸치 국물 내는 과정이 번거롭다면 면사랑사의 멸치 밑국물 2큰술 이하로 넣어서 사용하세요.

3 멸치를 채망으로 건져낸 뒤 고추장 2큰술, 국간장 1큰술, 멸치 다시다 ½큰술, 멸치액젓 ½큰술, 미원 약간을 넣은 뒤 칼국수 면을 넣어서 끓여주세요.

※ 식당 맛을 내고 싶다면 멸치 다시다와 소고기 다시다를 섞어서 사용하세요.

4 호박채, 양파채를 모두 넣어주세요. 기호에 따라 어슷 썬 청양고추를 넣고 고춧가루도 1+½~2큰술 넣어 끓여주세요.

※ 칼국수가 익는 시간(4~5분) 안에 모든 조리가 마무리되어야 합니다.

5 대파를 넣은 뒤 간을 보고 고추장에서 쓴맛이 올라올 경우 설탕 ⅓큰술을 마지막에 넣어 쓴맛을 중화하세요.

6 익은 칼국수를 면기에 넣고 김가루와 통깨를 약간 올려 마무리합니다.

우동

	썰맨 TIP	
	재료	냉동 면의 경우 한번 익힌 것이기 때문에 1~2인분 정도 우동 국물에 바로 담갔다 사용해도 되지만, 생면이나 냉장 면은 꼭 따로 끓여야 잡내 없이 맑은 우동 맛을 완성할 수 있어요.
	냉털	우동 국물을 만들 때 냉장고 속 어묵을 넣어 끓이면 토핑이 풍성해집니다.
	응용	잘 익은 배추김치를 조금 잘라 올리면 김치우동으로 변신합니다.
	요리	냉동 면은 끓는 물에 넣고 1분 이하면 모두 해동됩니다. 익혀서 급랭한 면이기 때문에 익히는 시간이 짧습니다.

2인분(육수 양)

필수 재료(1인분)

- ☑ 냉동 우동 면 1개
- ☐ 우동 건더기 수프 1개
- ☐ 송송 썬 대파 1큰술(선택)
- ☐ 절단된 냉동 유부 1큰술(선택)
- ☐ 달걀 1개(선택)

양념

- ☐ 우동 다시 2큰술
- ☐ 참치액 2큰술
- ☐ 미원 ⅓큰술(선택)
- ☐ 설탕 ½큰술 이하
- ☐ 후춧가루 약간
- ☐ 가쓰오부시 약간(선택)

우동은 우동 다시만 있으면 3분 만에 완성됩니다.

1 대파는 송송 썰어주세요.

2 물 800ml에 분량의 양념 재료(미원, 가쓰오부시는 선택)를 순서대로 넣어주세요.

※ 가쓰오부시를 넣고 3분 정도 끓인 뒤 건져내면 훨씬 더 깊은 맛의 우동 국물을 만들 수 있습니다.

3 다른 냄비에 물을 끓여 면을 넣고 빠르게 익힌 뒤 그릇에 담아주세요.

4 ②의 우동 국물을 한번 더 끓여 뜨끈하게 만든 뒤 면에 넣어주세요.

5 대파채나 우동 건더기 수프, 유부 1큰술(선택)을 올려 마무리합니다.

※ 고명으로 달걀 지단을 올려도 좋습니다.

볶음우동

썰맨 TIP		
	재료	볶음우동은 마늘, 양파, 대파, 우동 면 정도만 있어도 충분히 만들 수 있는 간단한 요리입니다.
	냉털	냉장고 속 고기나 해산물 등 모든 재료를 사용할 수 있습니다.
	응용	볶음우동에 해산물을 넣으면 감칠맛과 식감을 끌어올릴 수 있어요. 매운 향과 기름이 올라올 때 한번 익혀주세요. 단, 오랫동안 볶지 않아야 합니다.
	요리	볶음우동을 할 때 팬 바닥에 면이 눌어붙은 경우 물을 조금씩 넣어서 볶으면 타지 않고 맛있게 만들 수 있어요. 매운 음식을 못 먹는다면 고춧가루와 고추 등은 빼고 조리하면 됩니다.

2인분

아이들 간식, 아빠의 맥주 안주로 변신 가능한 볶음우동을 소개합니다.

필수 재료

- ☑ 냉동 우동 면 1개
- ☐ 고추기름 또는 식용유 1+½큰술
- ☐ 마늘 3톨
- ☐ 청양고추나 베트남 고추 1~3개(선택)
- ☐ 대파 ¼대(30g)
- ☐ 양파 ¼개(30g)
- ☐ 양배추 약간(20g)
- ☐ 숙주 약간(50g)
- ☐ 청경채 약간(20g)
- ☐ 통깨 약간(선택)
- ☐ 가쓰오부시 1큰술(선택)

양념

- ☐ 진간장 또는 우동다시 1큰술
- ☐ 굴소스 1큰술
- ☐ 고춧가루 ½큰술
- ☐ 설탕 ½큰술
- ☐ 참기름 ½큰술
- ☐ 미림 2큰술
- ☐ 후춧가루 약간

※ 화유를 두세 방울 넣어주면 식당에서 먹는 불맛 우동볶음을 유사하게 따라 할 수 있습니다.

1 대파와 양파는 채 썰고, 양배추는 한입 크기로 자르고, 청경채는 잘라서 다듬어줍니다. 그런 다음 마늘은 편 썰어주세요.

2 볼에 분량의 재료를 넣어 양념을 만들어주세요.

3 냉동 우동 면은 미리 끓는 물에 데쳐 준비해주세요.

4 프라이팬에 고추기름 또는 식용유 1+½큰술을 두른 뒤 편마늘을 넣어 마늘 향이 살짝 올라오도록 타지 않게 중약불로 볶아주세요. 매운맛을 좋아하면 청양고추나 베트남 고추를 몇 개 넣고 함께 볶아줍니다 (선택).

5 대파채를 넣어 파 향을 낸 뒤 면과 만들어둔 양념을 넣고 섞듯이 볶아주세요.

6 남은 양배추와 양파, 숙주와 청경채를 넣고 덮듯이 빠르게 볶습니다.

※ 선택 사항이지만 가쓰오부시와 통깨를 올리면 향이 더욱 좋은 볶음우동이 완성됩니다.

메밀국수

	썰맨 TIP	
	재료	메밀 면은 건면보다 생면으로 만들어야 특유의 향과 식감을 즐길 수 있습니다.
	냉털	냉면을 만들 듯 냉장고 속 오이 또는 절임무 등을 넣어보세요.
	응용	비빔면 양념장을 메밀국수에 넣어 비빔냉모밀로 응용해보세요.
	요리	대파나 쪽파 모두 상관없어요. 가지고 있는 식재료로 훌륭한 한 끼를 만들어보세요.

1~2인분

시원한 메밀국수가 생각나는데 나가기는 귀찮을 때 한번 만들어보세요.

필수 재료

☑ 메밀 면 100~120g
(1~2인분)
☐ 김가루 약간
☐ 달걀 1개
☐ 무 80g
☐ 송송 썬 대파 1큰술 이하

양념

☐ 우동 다시 또는 양조간장 2큰술
☐ 참치액 1큰술
☐ 설탕 2큰술

1 무는 깍둑 썰어 믹서에 생수 600ml와 넣고 갈아서 준비해주세요.

2 대파나 쪽파는 송송 썰어 준비해주세요.

3 ①에 우동 다시 2큰술, 참치액 1큰술, 설탕 2큰술을 넣고 설탕이 녹도록 잘 섞은 뒤 대파를 넣어 메밀국수장국을 만들어주세요.
※ 얼음을 넣으면 훨씬 더 차갑게 즐길 수 있습니다.

4 냄비에 물을 넣고 메밀 면을 5~6분간 삶아주세요.
※ 생면, 건면 모두 사용 가능합니다.

5 삶은 메밀 면을 찬물로 헹군 뒤 면기에 넣고 만들어놓은 냉메밀장국을 부은 뒤 달걀 지단이나 김가루 등을 고명으로 올려 마무리합니다.

들기름간장국수

썰맨 TIP

	재료	국수를 삶을 때 물 양을 넉넉하게 잡으면 면이 달라붙지 않아요.
	냉털	냉장고에 있는 김치나 오이 등을 고명으로 올리면 식감이 좋아요.
	응용	들기름간장국수 양념에 달걀프라이, 쌀밥과 함께 비벼 먹으면 맛있어요.
	요리	국수를 삶을 때 들기름을 조금 넣으면 국수에 고소한 향이 배어 맛이 더 좋아요.

1~1.5인분

누구나 따라 할 수 있는 간단한 들기름간장국수 레시피입니다.

필수 재료

- ☑ 국수 150g
- ☐ 달걀노른자 1개 분량
- ☐ 송송 썬 대파 1큰술
- ☐ 김가루 약간
- ☐ 통깨 약간

양념

- ☐ 진간장 3큰술
- ☐ 설탕 2~2+½큰술(조절)
- ☐ 다진 마늘 ½큰술
- ☐ 들기름 2큰술
- ☐ 미원 ⅓큰술
- ☐ 식초 ½큰술

1 대파는 송송 썰고, 달걀은 흰자와 노른자를 분리합니다.

2 분량의 재료로 양념을 만들어주세요.

3 끓는 물에 국수를 넣어 3~4분간 삶은 뒤 찬물에 헹궈 물기를 제거합니다.

4 물기를 빼고 차갑게 만든 면을 면기에 넣고 만들어놓은 양념을 모두 넣어주세요.

5 송송 썬 대파, 김가루, 달걀노른자를 올리고 통깨를 약간 뿌려 마무리합니다.

※ 이 요리는 간단하면서도 빠르게 만들 수 있어 바쁜 날에 좋아요.

고급짬뽕

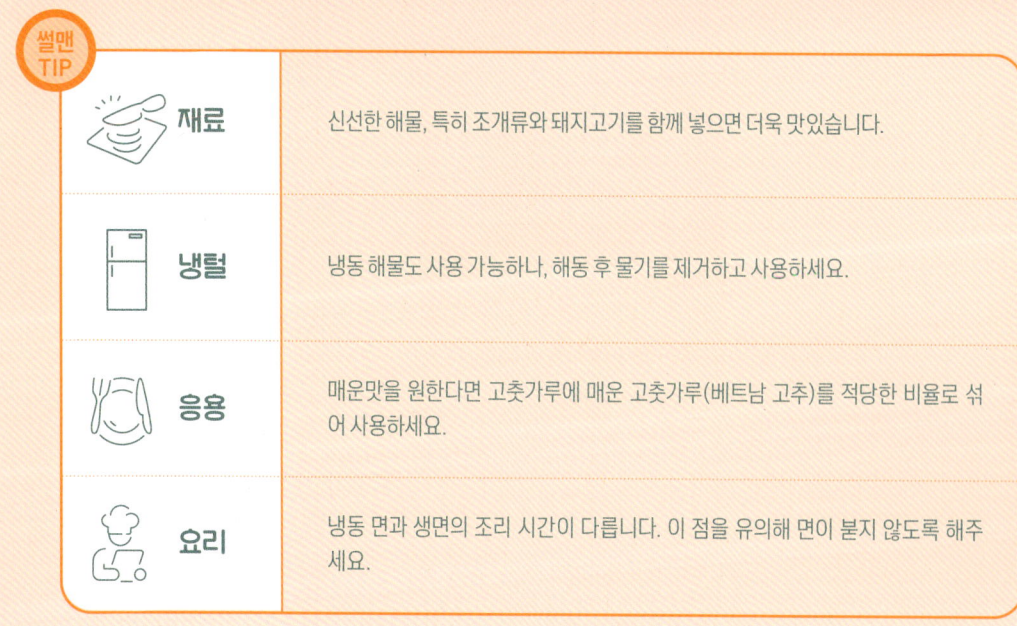

썰맨 TIP		
	재료	신선한 해물, 특히 조개류와 돼지고기를 함께 넣으면 더욱 맛있습니다.
	냉털	냉동 해물도 사용 가능하나, 해동 후 물기를 제거하고 사용하세요.
	응용	매운맛을 원한다면 고춧가루에 매운 고춧가루(베트남 고추)를 적당한 비율로 섞어 사용하세요.
	요리	냉동 면과 생면의 조리 시간이 다릅니다. 이 점을 유의해 면이 붇지 않도록 해주세요.

1~2인분

요리의 즐거움을 아는 사람만 만들 수 있는 짬뽕 레시피입니다.

필수 재료

- ☑ 중화 냉동 면 1+½개
- ☐ 채 썬 돼지고기 100g
- ☐ 바지락 50g
- ☐ 오징어 또는 주꾸미 50g (선택)
- ☐ 화유 또는 고추기름 2큰술
- ☐ 100% 사골 육수 800ml
- ☐ 다진 생강 ¼큰술

채소 1

- ☐ 양파 100g
- ☐ 양배추 50g(1줌)
- ☐ 알배추 50g

채소 2

- ☐ 느타리버섯 30g
- ☐ 목이버섯 20g
- ☐ 청경채 1개
- ☐ 숙주 ½줌(선택)
- ☐ 부추 ½줌

양념 1

- ☐ 고운 고춧가루 3큰술
- ☐ 진간장 2큰술

양념 2

- ☐ 치킨 스톡 1큰술
- ☐ 꽃소금 약간(후간 조절)
- ☐ 미원 ⅓큰술
- ☐ 설탕 ⅓큰술
- ☐ 후춧가루 약간(후간 조절)

1 양배추와 알배추, 양파는 얇게 채 썰고 부추도 준비해주세요.

※ 냉동실 속 오징어나 주꾸미 등 해산물을 넣어도 좋아요.

2 중화 냉동 면은 끓는 물에 미리 해동하거나 삶아주세요.

3 강하게 달군 프라이팬에 고추기름 또는 화유 2큰술과 채 썬 돼지고기에 다진 생강 ¼큰술을 넣어 볶아주세요.

4 돼지고기가 익은 뒤 손질해 둔 채소 1을 넣고 한번 강하게 볶은 다음 숨이 살짝 죽으면 진간장 2큰술, 고춧가루 3큰술을 넣어 한번 더 섞듯이 볶아주세요.

5 100% 사골 육수 800ml와 바지락, 오징어 등을 넣고 끓인 뒤 양념 2를 넣어주세요(꽃소금, 후춧가루 제외, 강한 불).

6 끓기 시작하면 면을 넣고 ③의 볶아놓은 고기를 넣고 채소 2를 마지막에 넣은 뒤 부족한 간은 꽃소금과 후춧가루로 맞춰 마무리합니다.

닭칼국수

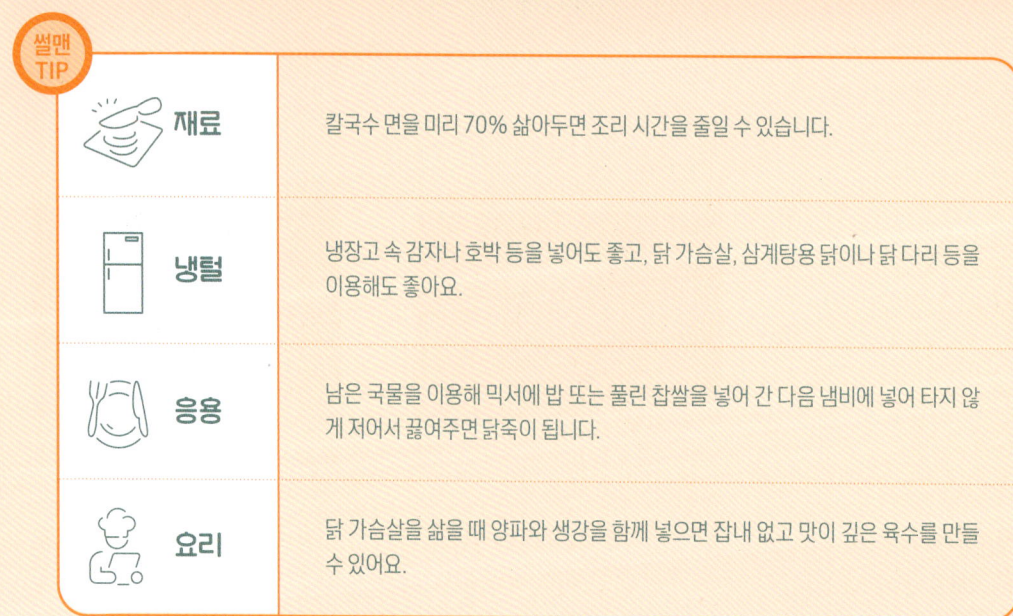

썰맨 TIP

	재료	칼국수 면을 미리 70% 삶아두면 조리 시간을 줄일 수 있습니다.
	냉털	냉장고 속 감자나 호박 등을 넣어도 좋고, 닭 가슴살, 삼계탕용 닭이나 닭 다리 등을 이용해도 좋아요.
	응용	남은 국물을 이용해 믹서에 밥 또는 풀린 찹쌀을 넣어 간 다음 냄비에 넣어 타지 않게 저어서 끓여주면 닭죽이 됩니다.
	요리	닭 가슴살을 삶을 때 양파와 생강을 함께 넣으면 잡내 없고 맛이 깊은 육수를 만들 수 있어요.

1인분

닭 가슴살과 치킨 분말로 만드는 맛있는 닭칼국수입니다.

필수 재료

- ☑ 닭 가슴살 100g 이상
- ☐ 칼국수면 1개
- ☐ 대파 1대
- ☐ 마늘 5~6톨
- ☐ 통후추 약간
- ☐ 바지락 1줌
- ☐ 대파채 약간(고명용)

양념

- ☐ 테테락 치킨 파우더 2큰술
- ☐ 미원 ¼큰술
- ☐ 후춧가루 약간
- ☐ 꽃소금 약간(후간 조절)

1 대파는 크게 썰고, 바지락은 깨끗이 씻어 준비해주세요.

2 냄비에 물 1L를 넣고 닭 가슴살과 바지락, 대파, 마늘, 통후추, 테테락 치킨 분말 2큰술을 넣고 닭 가슴살을 익히면서 기본 육수를 만들어주세요.

※ 중간중간 염도를 체크해주세요.

3 ②에서 닭 가슴살을 건져 한 김 식힌 뒤 먹기 좋은 크기로 잘게 찢어주세요.

4 끓여놓았던 육수 재료를 채망으로 건져낸 뒤 찢어놓았던 닭 가슴살을 다시 넣고 5분간 더 끓여 건져냅니다.

5 육수에 생면을 넣어 4~5분간 삶아줍니다.

※ 물 양을 가감해 육수 간을 맞추고 후춧가루 약간, 미원 ¼큰술을 넣어 풍미를 잡아주세요.

6 면을 면기에 넣고 건져냈던 육수 재료 중 바지락을 면 위에 조금 올린 뒤 육수를 붓고 찢어 놓은 닭 가슴살과 대파채를 올려 마무리합니다.

※ 간이 부족하면 꽃소금으로 맞춰주세요.

※ 칼칼한 맛을 원한다면 고춧가루와 간장을 추가하거나, 청양고추를 썰어 넣어 매운 닭칼국수를 만들어보세요.

훔쳐 오고 싶은
식당 맛
찜 레시피

part 07
찜 & 조림

분말아귀찜
분말코다리조림
안동찜닭
갈치조림
매운등갈비찜
소갈비찜
돼지등뼈찜
돼지고기김치찜
생고등어조림
소고기장조림

분말아귀찜

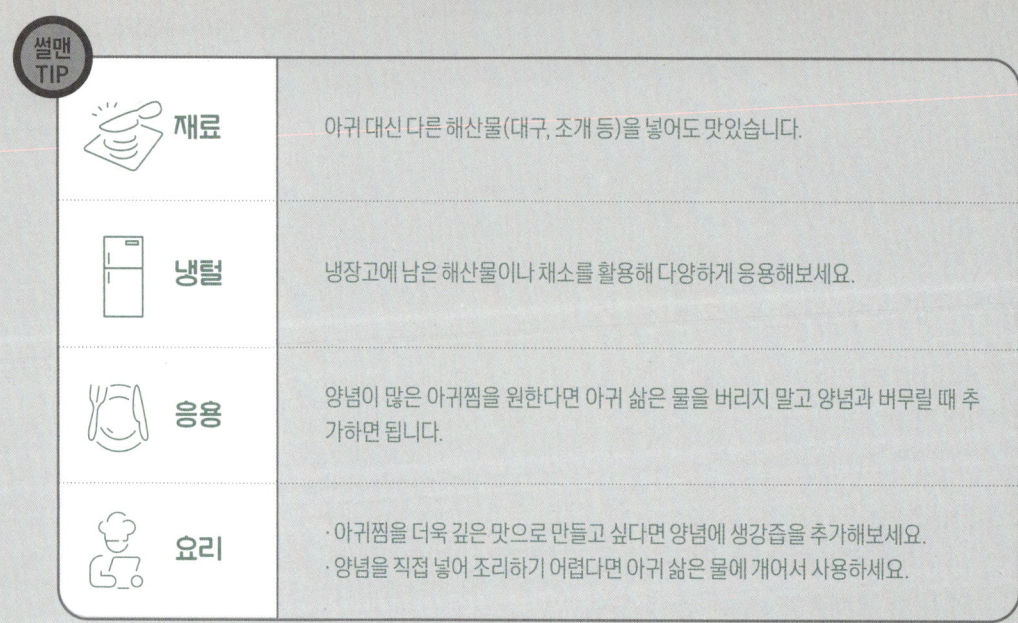

썰맨 TIP

재료 — 아귀 대신 다른 해산물(대구, 조개 등)을 넣어도 맛있습니다.

냉털 — 냉장고에 남은 해산물이나 채소를 활용해 다양하게 응용해보세요.

응용 — 양념이 많은 아귀찜을 원한다면 아귀 삶은 물을 버리지 말고 양념과 버무릴 때 추가하면 됩니다.

요리
· 아귀찜을 더욱 깊은 맛으로 만들고 싶다면 양념에 생강즙을 추가해보세요.
· 양념을 직접 넣어 조리하기 어렵다면 아귀 삶은 물에 개어서 사용하세요.

3~4인분

집에서도 식당보다 맛있는 아귀찜을 분말로 만들어볼게요.

필수 재료

- ☑ 손질한 아귀 1마리
- ☐ 홍합 2줌
- ☐ 오만둥이 1줌
- ☐ 미나리 ⅓단
- ☐ 일자 콩나물 300g(1봉지)
- ☐ 통깨 약간

양념

- ☐ 참치액 5큰술
- ☐ 다진 마늘 1큰술
- ☐ 생강술 1큰술
- ☐ 중간 입자 고춧가루 5큰술
- ☐ 베트남 고춧가루 3큰술
- ☐ 소고기 다시다 1큰술
- ☐ 멸치 다시다 1큰술
- ☐ 설탕 3큰술
- ☐ 전분 1큰술
- ☐ 소금 ½큰술
- ☐ 후춧가루 ⅓큰술
- ☐ 미원 ⅓큰술

1 큰 볼에 참치액과 다진 마늘, 분량의 재료를 넣고 잘 섞어 양념을 만듭니다.

2 손질한 아귀를 적당한 크기로 자르고, 참치액 5큰술과 물 1.5L를 넣고 끓인 후 익기 시작하면 중약불로 7~10분간 끓여주세요.

※ 이때 물을 많이 넣지 말고 조금 짭짤한 염도로 삶으면 맛이 더 좋아요.

3 홍합, 오만둥이는 깨끗이 씻어 아귀에 함께 넣어줍니다.

4 살짝 삶아낸 홍합을 건져낸 뒤 국물을 ⅔가량 남겨놓고 만들어놓은 양념 ½을 넣어 한번 섞듯이 덮어줍니다.

5 깨끗이 씻은 미나리, 콩나물을 넣고 다진 마늘 1큰술을 넣고 뚜껑을 덮어 2분간 둔 뒤 뚜껑을 열어줍니다.

6 홍합을 넣어 타지 않게 약한 불로 섞듯이 버무려내고 통깨를 약간 뿌려 마무리합니다.

분말코다리조림

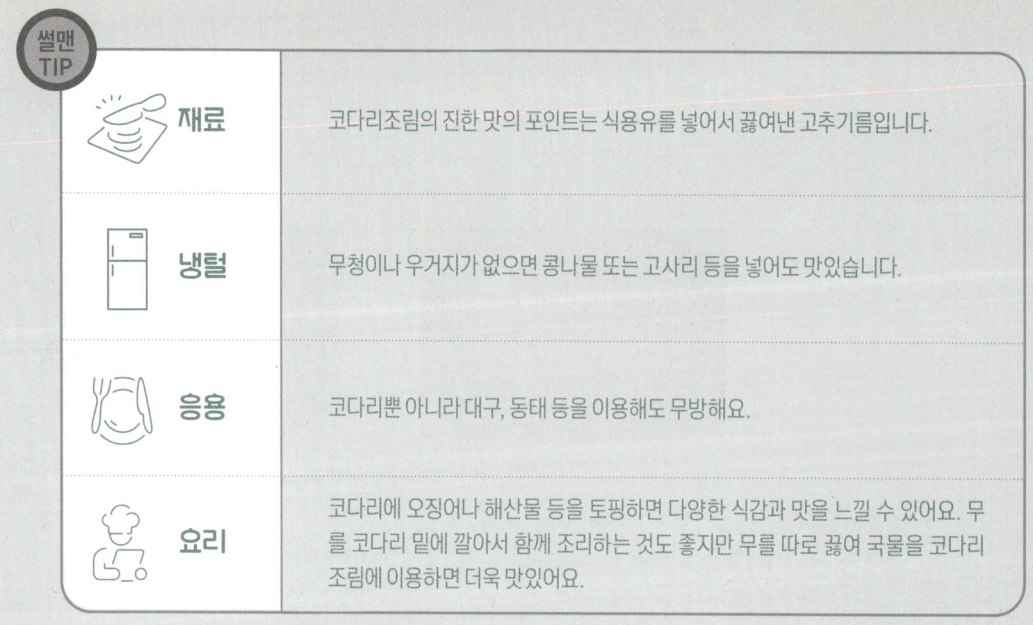

썰맨 TIP

재료	코다리조림의 진한 맛의 포인트는 식용유를 넣어서 끓여낸 고추기름입니다.
냉털	무청이나 우거지가 없으면 콩나물 또는 고사리 등을 넣어도 맛있습니다.
응용	코다리뿐 아니라 대구, 동태 등을 이용해도 무방해요.
요리	코다리에 오징어나 해산물 등을 토핑하면 다양한 식감과 맛을 느낄 수 있어요. 무를 코다리 밑에 깔아서 함께 조리하는 것도 좋지만 무를 따로 끓여 국물을 코다리조림에 이용하면 더욱 맛있어요.

2인분

분말로 간편하게 만드는 식당 맛 코다리조림입니다.

필수 재료

- ☑ 코다리 2마리
- ☐ 반달 썬 무 4~5쪽
- ☐ 시래기 150g
- ☐ 청양고추 1개
- ☐ 홍고추 1개
- ☐ 통깨 약간

메인 분말 양념

- ☐ 매운맛 고운 고춧가루 3큰술
- ☐ 굵은 고춧가루 2큰술
- ☐ 설탕 2큰술
- ☐ 소금 ⅓큰술
- ☐ 전분 1큰술
- ☐ 멸치다시다 1큰술
- ☐ 미원 ½큰술
- ☐ 혼다시 ½큰술
- ☐ 후춧가루 약간

서브 양념

- ☐ 진간장 5큰술
- ☐ 식용유 3큰술
- ☐ 물엿 4~5큰술

※ 조리 중간에 국물이 너무 졸아들면 물을 추가해 농도를 조절하세요.

1 코다리는 깨끗이 씻어 3~4토막으로 자르고, 무는 반달 모양으로 썰어주세요.

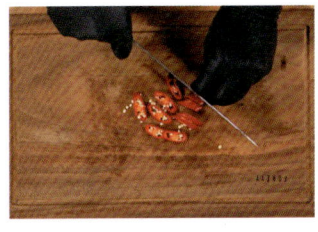

2 시래기는 물에 불려 준비하고, 청양고추와 홍고추는 어슷 썰어주세요.

※ 시중에 판매하는 껍질 깐 시래기를 이용해도 좋아요.

3 메인 분말 양념 재료를 넣고 잘 섞어줍니다.

4 프라이팬에 잘라놓은 무를 깔고 분말 양념을 조금 넣은 뒤 손질한 코다리를 올립니다. 그런 다음 분말 양념 절반과 물을 자박하게 넣고 뚜껑을 닫은 뒤 20분 정도 중약불로 바닥 면이 타지 않게 익힙니다.

5 20분 뒤 서브 양념 재료를 넣어 단맛을 조절해주세요.

6 준비해둔 시래기와 남아 있는 분말 양념을 모두 넣고 뚜껑을 닫은 뒤 타지 않게 조린 다음 홍고추, 청양고추, 통깨 등을 넣어 끓입니다.

안동찜닭

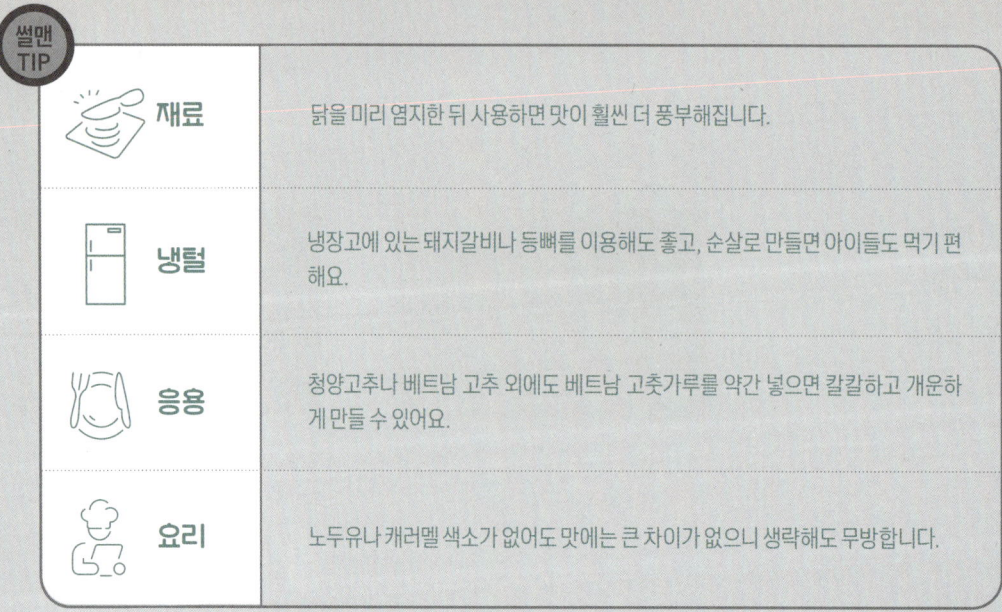

썰맨 TIP		
	재료	닭을 미리 염지한 뒤 사용하면 맛이 훨씬 더 풍부해집니다.
	냉털	냉장고에 있는 돼지갈비나 등뼈를 이용해도 좋고, 순살로 만들면 아이들도 먹기 편해요.
	응용	청양고추나 베트남 고추 외에도 베트남 고춧가루를 약간 넣으면 칼칼하고 개운하게 만들 수 있어요.
	요리	노두유나 캐러멜 색소가 없어도 맛에는 큰 차이가 없으니 생략해도 무방합니다.

2~3인분

전통 레시피를 현대적으로 재해석해 간편하고도 새로운 맛의 안동찜닭을 만들어볼게요.

필수 재료

- ☑ 닭 1마리
- ☐ 감자 3개
- ☐ 당근 조금
- ☐ 양파 ½개
- ☐ 대파 1대
- ☐ 청양고추 1개
- ☐ 홍고추 1개
- ☐ 베트남 고추 5개
- ☐ 생강 편 2~3쪽
- ☐ 다진 마늘 1큰술
- ☐ 넓적 당면 50g
- ☐ 통깨 약간

양념

- ☐ 진간장 6큰술
- ☐ 노두유(중국식 간장) 또는 캐러멜 색소 1큰술 이하
- ☐ 치킨 스톡 1큰술
- ☐ 설탕 4큰술
- ☐ 물엿 4큰술
- ☐ 미원 ½큰술
- ☐ 후춧가루 약간
- ☐ 전분 1큰술
- ☐ 소금 약간(후간 조절)

※ 남은 국물에 밥을 비비거나 볶아 먹어도 맛있어요.

1 시간이 가장 오래 걸리는 넓적 당면을 미지근한 물에 담가 최소 2시간 이상 불려주세요.

2 닭은 깨끗이 씻고 감자, 당근, 양파, 대파 모두 큼직하게 썰어주세요.

3 고추는 송송 썰고 베트남 고추도 준비하세요.

4 프라이팬에 손질한 닭을 넣고 밑면을 익히다 진간장 6큰술과 치킨 스톡 1큰술, 노두유 1큰술 이하를 넣어 타지 않게 약불로 익혀 겉면에 색상과 간이 살짝 배어들도록 해주세요.

5 겉면이 살짝 익을 때쯤 설탕 4큰술과 미원 ½큰술을 넣어 타지 않게 한번 더 겉면을 익혀준 뒤 다진 마늘 1큰술, 베트남 고추 5개, 생강 편 2~3쪽, 감자, 당근을 넣고 물을 자박하게 부어 바닥 면이 타지 않게 약 10~15분간 조리듯이 끓여줍니다.

6 국물이 줄어들면서 닭과 채소가 익어갈 때쯤 물에 전분 1큰술과 물엿 4큰술을 넣고 섞어주고 양파, 대파, ①의 불려놓은 당면까지 넣은 다음 청양고추, 홍고추, 후춧가루, 통깨를 넣어 완성합니다.

※ 간이 맞지 않으면 소금으로 조절하세요.

갈치조림

썰맨 TIP

	재료	무와 감자를 섞어 조리하면 더욱 풍부한 맛을 느낄 수 있습니다.
	냉털	냉장고에 갈치 외 생선이 있다면 양념장을 이용해서 만들어보세요.
	응용	생선 없이 무만 이용해 무조림으로 만들어도 좋아요.
	요리	갈치 국물을 자박하고 걸쭉하게 만들고 싶다면 감자를 넣고, 맑고 담백한 국물을 원한다면 무를 넣으면 됩니다.

3~4인분

제주도에서 먹는 것보다 맛있는 갈치조림 레시피입니다.

필수 재료

- ☑ 손질한 갈치 2마리
- ☐ 무 또는 감자 5~6개
- ☐ 양파 ½개
- ☐ 대파 ½대
- ☐ 청양고추 1개
- ☐ 홍고추 1개

양념

- ☐ 간장 4큰술
- ☐ 멸치 다시다 ½큰술
- ☐ 까나리액젓 1큰술
- ☐ 굵은 고춧가루 3큰술
- ☐ 매운 고춧가루 1큰술
- ☐ 고추장 1큰술
- ☐ 설탕 2큰술
- ☐ 미림 3큰술
- ☐ 다진마늘 1큰술
- ☐ 다진 생강 ¼큰술
- ☐ 미원 ⅓큰술

1 갈치는 손질해서 토막 내고 무, 양파, 대파, 청양고추, 홍고추는 적당한 크기로 썰어서 준비합니다.

2 분량의 재료를 모두 섞어 양념을 만듭니다.

3 냄비에 무나 감자를 깔고 양념을 조금 올린 뒤 양파채 약간과 물 400ml를 넣습니다.

4 무가 70% 익으면 갈치를 모두 올린 뒤 남은 양파채를 올리고 남은 양념을 넣어주세요. 그런 다음 끓기 시작하면 불을 줄이고 뚜껑을 덮은 채 조립니다.

5 갈치가 익으면 대파, 청양고추, 홍고추 등을 올리고 뚜껑을 덮은 다음 한소끔 끓여 완성합니다.

매운등갈비찜

썰맨 TIP

재료	토치로 아주 살짝 구우면 등갈비 특유의 누린내나 잡내를 제거할 수 있어요.
냉털	등갈비뿐 아니라 돼지갈비나 소갈비로 만들어도 맛있어요.
응용	매운갈비찜으로 응용해 술안주나 밥반찬으로 만들어보세요.
요리	부드러운 등갈비는 여러 번 삶아야 하지만 압력솥을 이용하면 요리 시간이 단축되어 편리해요.

3~4인분

압력솥으로 15분 만에 만드는 매운등갈비찜입니다.

필수 재료

☑ 등갈비 1kg

※ 적은 양의 핏물을 제거하기 위해서는 30분~1시간 정도 담궈둬야 합니다. 많은 분량의 핏물을 확실하게 빼려면 6시간에서 10시간 정도 담궈두어야 합니다.

☐ 대파 ½대

☐ 양파 ½개

☐ 베트남 고추 10개(선택)

양념1

☐ 간장 5큰술

☐ 고춧가루(중간 입자) 3큰술

☐ 매운 고춧가루(고운 입자) 3큰술

☐ 굴소스 1큰술

☐ 소고기다시다 ½큰술

☐ 다진 생강 ⅓큰술

☐ 설탕 3큰술

☐ 물엿 2큰술

☐ 미원 ½큰술

☐ 후춧가루 약간

양념2

☐ 캔파인애플 1개

☐ 양파(작은 것) ½개

☐ 배(큰 것) ¼개

※ 모두 섞어서 갈아주세요.

※ 남은 양념을 자박하게 조려 비빔장으로 만들어도 좋아요.

1 등갈비는 찬물에 담가 핏물을 제거한 뒤 적당한 크기로 잘라줍니다.

2 분량의 재료를 넣어 양념 1을 만듭니다. 양념 2를 갈아서 만든 뒤 양념 1에 5큰술 넣어 섞어주세요.

3 등갈비에 만들어놓은 양념을 넣고 냉장고에 1~2시간 정도 보관해 간이 배어들게 합니다. 대파와 양파는 큼직하게 잘라서 준비해주세요.

4 압력솥에 등갈비와 기호에 따라 매운 고추를 넣고, 물 500ml를 넣어 뚜껑을 닫습니다.

※ 압력솥이 없는 경우 물을 자박하게 넣어 1시간 이상 타지 않게 중약불로 조리듯 끓여주세요.

5 압력이 올라가 추가 움직이면 불을 줄이고 15분간 약한 불로 뜸을 들입니다.

6 조리가 끝나면 압력을 자연 배출한 뒤 나지막한 조림용 냄비에 등갈비를 담은 다음 대파, 양파를 넣어 자박하게 조리듯이 더 끓입니다.

※ 고춧가루나 떡 등을 올려도 좋습니다.

소갈비찜

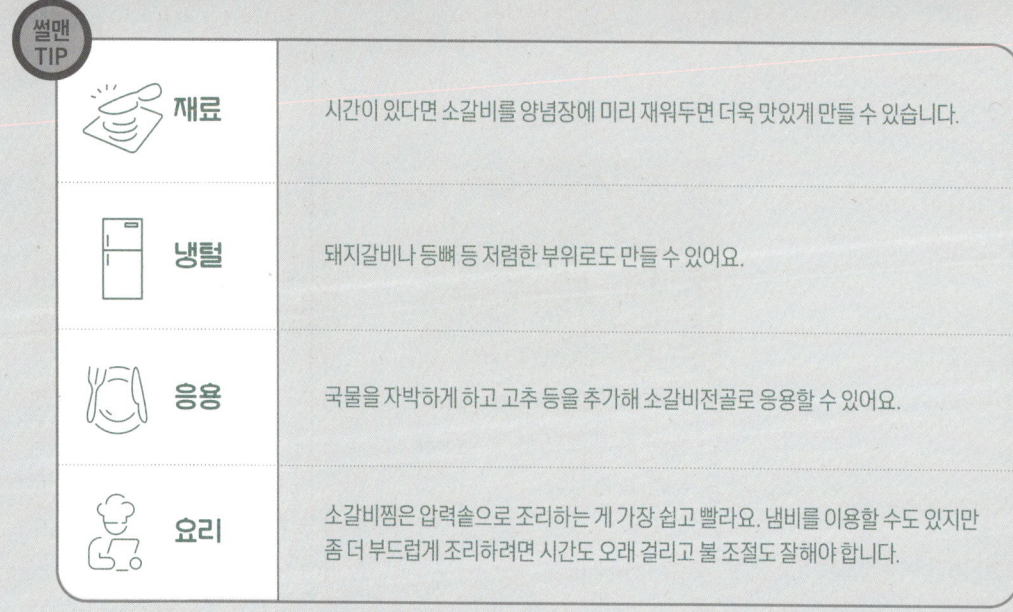

썰맨 TIP

	재료	시간이 있다면 소갈비를 양념장에 미리 재워두면 더욱 맛있게 만들 수 있습니다.
	냉털	돼지갈비나 등뼈 등 저렴한 부위로도 만들 수 있어요.
	응용	국물을 자박하게 하고 고추 등을 추가해 소갈비전골로 응용할 수 있어요.
	요리	소갈비찜은 압력솥으로 조리하는 게 가장 쉽고 빨라요. 냄비를 이용할 수도 있지만 좀 더 부드럽게 조리하려면 시간도 오래 걸리고 불 조절도 잘해야 합니다.

7~8인분

압력솥으로 15분 만에 만드는 살살 녹는 소갈비찜입니다.

필수 재료

☑ 찜용 소갈비 2kg

※ 적은 양의 핏물을 제거하기 위해서는 30분~1시간 정도 담궈둬야 합니다. 많은 분량의 핏물을 확실하게 빼려면 6시간에서 10시간 정도 담궈두어야 합니다.

- ☐ 무 300g
- ☐ 당근 ½개
- ☐ 표고버섯 3~4개
- ☐ 대파 1대
- ☐ 홍고추 1개
- ☐ 청양고추 1개
- ☐ 생강 3톨
- ☐ 마늘 10톨
- ☐ 생밤 3개

양념

- ☐ 진간장 8큰술
- ☐ 간배+양파 5큰술

※ 배와 양파를 갈아서 사용합니다.

- ☐ 굴소스 1+½큰술
- ☐ 설탕 4큰술
- ☐ 물엿 4큰술
- ☐ 미원 ½큰술
- ☐ 후춧가루 약간
- ☐ 캐러멜소스 1큰술(선택)

1 소갈비는 찬물에 담가 핏물을 제거하고 대파, 무, 당근은 큼직하게 썰고, 표고버섯은 기호에 맞게 자릅니다.

※ 다음 날 먹는다면 만들어둔 양념에 재워두고, 바로 요리해 먹어야 한다면 소갈비와 양념을 따로 조리하면 간이 잘 배어든 소갈비찜을 만들 수 있어요.

2 대용량 압력솥에 소갈비를 넣고 압력 추가 움직이면 약한 불로 줄이고 15분간 익힌 뒤 압력이 떨어진 뒤 소갈빗살을 건져냅니다. 기름기가 많은 부위는 가위로 잘라서 제거하고 육수는 식혀서 떠오른 기름기를 제거합니다.

3 분량의 재료(캐러멜소스는 선택)로 양념을 만들어두세요.

4 썰어놓은 무와 당근을 웍 바닥에 넣고 육수 500ml, 양념을 부어 무를 70% 정도 익혀주세요.

※ 압력솥에 무를 넣지 않는 이유는 오버 쿡이 되기 때문입니다.

5 압력솥에서 삶아낸 소갈비를 ④에 넣고 양념과 잘 섞이도록 타지 않게 버무리듯 섞어주세요.

※ 이때 색감을 진하게 내고 싶다면 캐러멜소스 1큰술을 넣으면 됩니다.

6 잘 섞였다면 중간 불로 줄이고 마늘, 생강, 생밤 등을 넣어 조리듯 타지 않게 익힌 다음 버섯, 대파, 청양고추, 홍고추 등을 넣어서 한번 더 익힙니다.

돼지등뼈찜

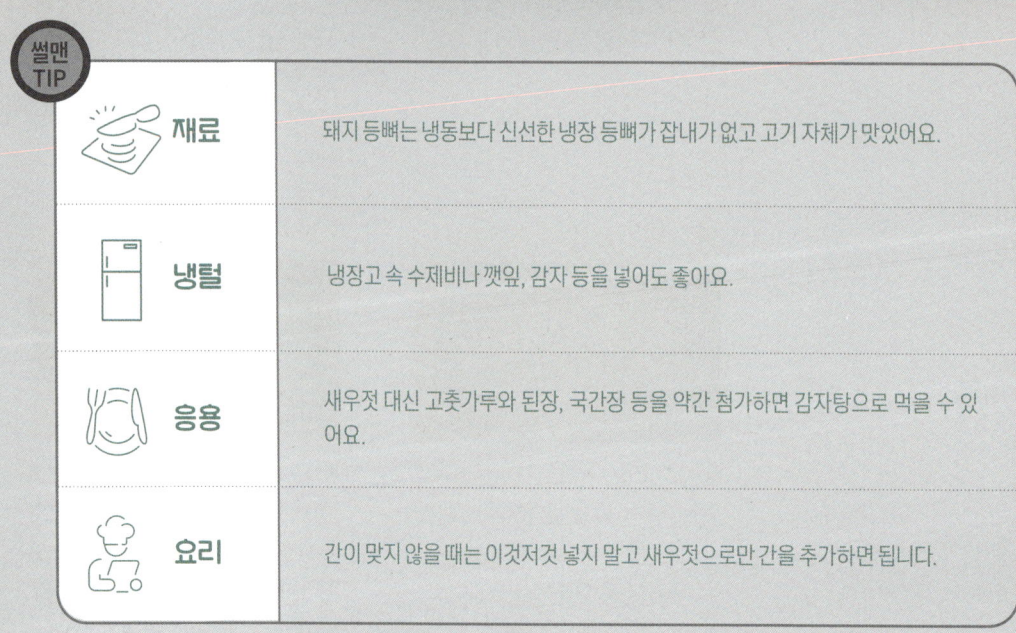

썰맨 TIP

	재료	돼지 등뼈는 냉동보다 신선한 냉장 등뼈가 잡내가 없고 고기 자체가 맛있어요.
	냉털	냉장고 속 수제비나 깻잎, 감자 등을 넣어도 좋아요.
	응용	새우젓 대신 고춧가루와 된장, 국간장 등을 약간 첨가하면 감자탕으로 먹을 수 있어요.
	요리	간이 맞지 않을 때는 이것저것 넣지 말고 새우젓으로만 간을 추가하면 됩니다.

2~3인분

맑은 국물로 담백하게 즐기는 돼지등뼈찜입니다.

필수 재료

☑ 돼지 등뼈 2kg

※ 적은 양의 핏물을 제거하기 위해서는 30분~1시간 정도 담궈둬야 합니다. 많은 분량의 핏물을 확실하게 빼려면 6시간에서 10시간 정도 담궈두어야 합니다.

☐ 대파 1대

☐ 양파 ½개

☐ 베트남 고추 10개(선택)

☐ 마늘 5톨

☐ 통후추 20개

☐ 청양고추 3개

☐ 들깻가루 2큰술

양념

☐ 된장 1큰술

☐ 다진 마늘 1큰술

☐ 새우젓 1큰술

☐ 미원 ½큰술

※ 남은 국물에 안성탕면을 넣어서 끓이면 정말 맛있어요(캠핑장에서 이용하는 방법입니다).

1 돼지 등뼈는 찬물에 담가 핏물을 제거해주세요.

※ 신선한 돼지 등뼈는 핏물을 빼는 과정을 생략해도 무방합니다.

2 돼지 등뼈를 압력솥에 넣고 절반으로 자른 대파, 양파, 마늘, 베트남 고추 5개(선택), 통후추를 넣습니다.

※ 베트남 고추는 선택입니다.

3 ②에 된장 1큰술, 미원 ½큰술, 다진 마늘 1큰술, 고기 양의 ⅔ 정도 되는 물을 넣은 뒤 압력솥 뚜껑을 닫고 익힙니다.

4 압력 추가 움직이면 약한 불로 줄이고 15분간 익혀주세요. 압력솥의 김이 자연스럽게 빠지면 전골냄비에 잘 익은 돼지 등뼈를 올려주세요.

5 압력솥에 남은 육수를 채망에 걸러 육수만 남겨둡니다.

6 ④에 새우젓 1큰술을 넣고 들깻가루 2큰술, 베트남 고추 5개(선택), 큼지막하게 썰어놓은 청양고추를 올린 뒤 ⑤의 육수를 넣어 완성합니다.

돼지고기김치찜

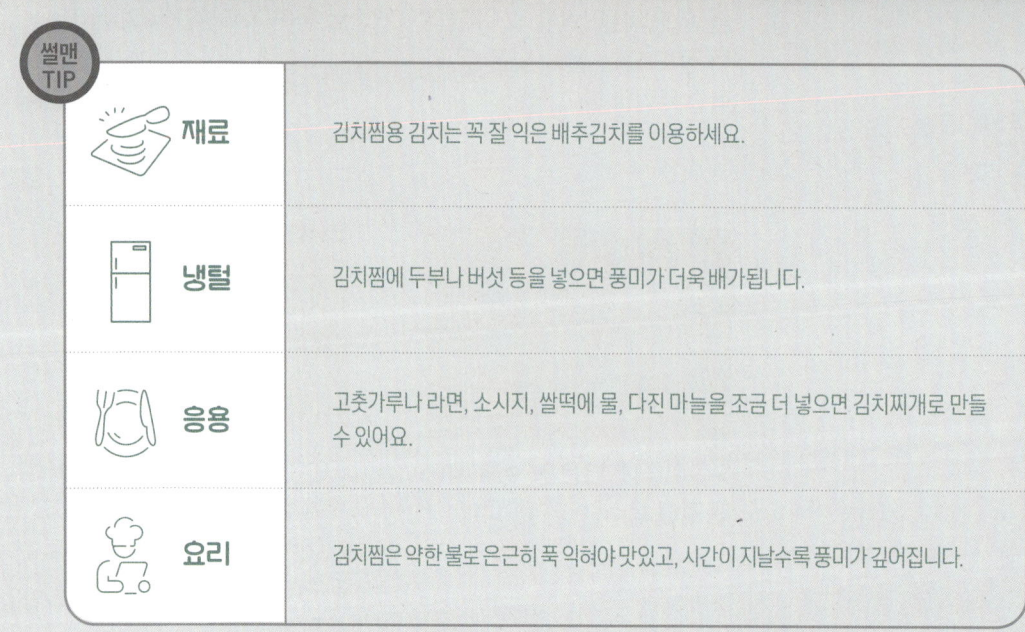

썰맨 TIP

	재료	김치찜용 김치는 꼭 잘 익은 배추김치를 이용하세요.
	냉털	김치찜에 두부나 버섯 등을 넣으면 풍미가 더욱 배가됩니다.
	응용	고춧가루나 라면, 소시지, 쌀떡에 물, 다진 마늘을 조금 더 넣으면 김치찌개로 만들 수 있어요.
	요리	김치찜은 약한 불로 은근히 푹 익혀야 맛있고, 시간이 지날수록 풍미가 깊어집니다.

3~4인분

식당에서 먹던 김치찜 맛을 집에서도 손쉽게 만들 수 있는 레시피입니다.

필수 재료

- ☑ 돼지고기 300g
- ☐ 배추김치 ½포기(작은 배추 기준)
- ☐ 송송 썬 대파 2큰술
- ☐ 양파 ¼개(30g)
- ☐ 팽이버섯 약간(선택)

양념

- ☐ 멸치 다시다 1큰술
- ☐ 설탕 1큰술
- ☐ 미원 ½큰술
- ☐ 멸치액젓 1큰술
- ☐ 사골 분말 ½큰술

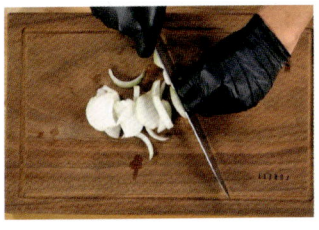

1 대파는 송송 썰고, 양파는 채 썰어 준비하고, 배추김치는 절반을 잘라주되 작게 자르지 않습니다.

2 냄비 바닥에 타지 않게 양파 채를 깔아주세요.

3 ②에 돼지고기와 잘 익은 배추김치 ½포기(사이즈에 따라 가감)를 넣습니다.

4 ③에 분량의 양념을 모두 넣고 물 500ml를 자박하게 부어준 뒤 뚜껑을 덮고 강한 불로 끓여줍니다.

5 타지 않게 약한 불로 줄여 20분간 은근히 익힙니다.

6 송송 썬 대파를 넣고 팽이버섯(선택)등을 올리면 더욱 좋아요.

※ 김치찜에 들기름을 1큰술 둘러주면 더욱 구수해집니다.

생고등어조림

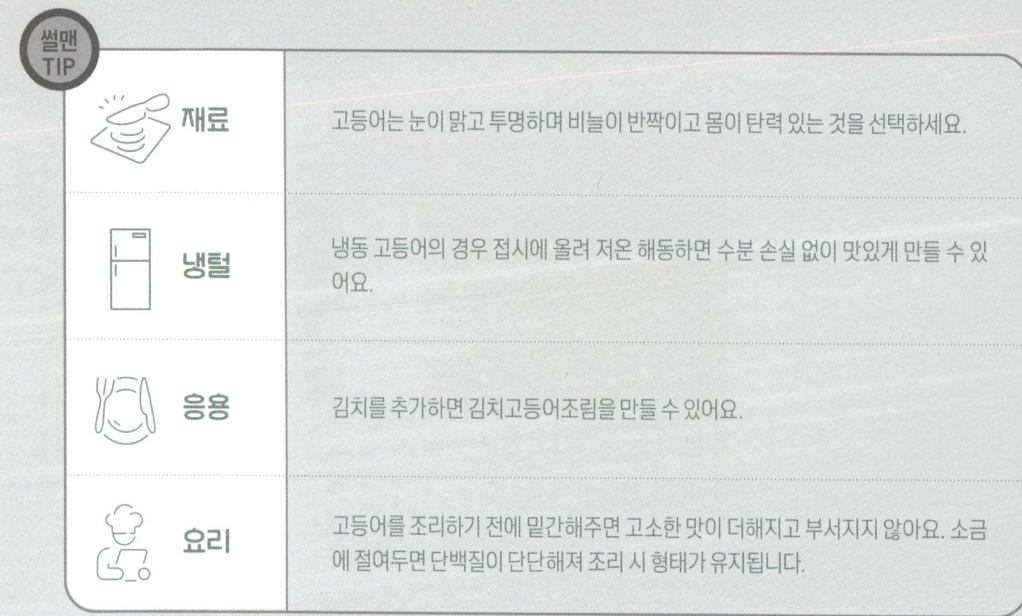

썰맨 TIP		
	재료	고등어는 눈이 맑고 투명하며 비늘이 반짝이고 몸이 탄력 있는 것을 선택하세요.
	냉털	냉동 고등어의 경우 접시에 올려 저온 해동하면 수분 손실 없이 맛있게 만들 수 있어요.
	응용	김치를 추가하면 김치고등어조림을 만들 수 있어요.
	요리	고등어를 조리하기 전에 밑간해주면 고소한 맛이 더해지고 부서지지 않아요. 소금에 절여두면 단백질이 단단해져 조리 시 형태가 유지됩니다.

2~3인분

생고등어조림의 정석을 알려드립니다.

필수 재료

- ☑ 생고등어 2마리
- ☐ 무 100g
- ☐ 대파 ½대
- ☐ 양파 ⅓개
- ☐ 통깨 약간
- ☐ 청양고추 1개
- ☐ 홍고추 1개
- ☐ 들기름 1큰술

양념

- ☐ 고춧가루 3큰술
- ☐ 진간장 2큰술
- ☐ 고추장 1큰술
- ☐ 멸치다시다 1큰술
- ☐ 설탕 1큰술
- ☐ 물엿 2큰술
- ☐ 맛술 3큰술
- ☐ 다진마늘 1큰술
- ☐ 생강 ⅓큰술
- ☐ 후춧가루 약간

※ 고등어의 비린내를 제거하려면 쌀뜨물과 식초 또는 맛술을 사용하세요.

1 무는 두껍게 반달로 썰고, 대파는 큼지막하게, 양파는 채 썰어주세요. 청양고추와 홍고추도 어슷 썰어서 준비해주세요.

2 분량의 재료로 양념을 만들어주세요.

3 냄비에 무를 깔고 양념을 골고루 묻힌 다음 자박하게 잠길 정도로 물을 넣고 무를 70% 정도 익혀주세요.

4 그 위에 손질한 고등어를 올리고 채 썬 양파를 올려준 뒤 남은 양념을 고루 부어주세요.

※ 고등어는 소금을 살짝 뿌려 간이 배게 해야 맛있어요. 살짝 간한 생고등어는 깨끗이 씻어 비늘과 내장을 제거한 뒤 적당한 크기로 잘라주세요. 구입할 때 손질을 부탁하면 이 과정은 생략해도 좋습니다.

5 뚜껑을 덮고 20분 정도 약한 불로 조려주세요.

※ 중간에 국물이 너무 졸아들면 물을 조금 추가해도 좋습니다.

6 대파, 청양고추, 홍고추를 올리고 들기름 1큰술을 두른 뒤 5분 정도 더 조립니다. 그런 다음 통깨를 올려 완성합니다.

소고기장조림

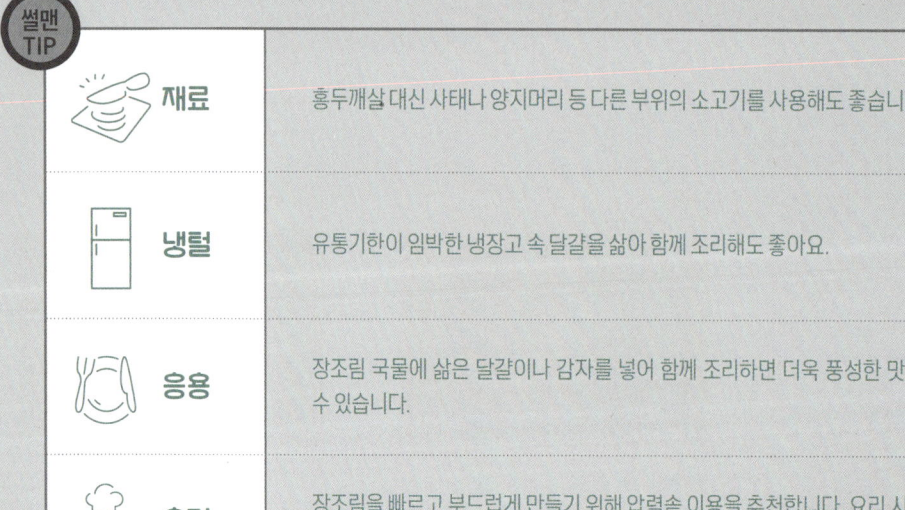

썰맨 TIP

	재료	홍두깨살 대신 사태나 양지머리 등 다른 부위의 소고기를 사용해도 좋습니다.
	냉털	유통기한이 임박한 냉장고 속 달걀을 삶아 함께 조리해도 좋아요.
	응용	장조림 국물에 삶은 달걀이나 감자를 넣어 함께 조리하면 더욱 풍성한 맛을 즐길 수 있습니다.
	요리	장조림을 빠르고 부드럽게 만들기 위해 압력솥 이용을 추천합니다. 요리 시간을 ⅓로 줄일 수 있어요.

4~5인분

부드러운 소고기장조림을 빠르고 간단하게 만드는 방법을 알려드립니다.

필수 재료

☑ 홍두깨살 1kg

※ 장조림용 고기는 찬물에 1~2시간 정도 담궈주고 2~3번 정도 물을 갈아주면 더욱 깨끗하게 핏물을 제거할 수 있습니다.

☐ 양파 ¼개

☐ 대파 ½대

1차양념

☐ 간장 3큰술

☐ 설탕 2큰술

☐ 통후추 15개

☐ 생강편 3쪽

☐ 월계수 잎 약간(선택)

☐ 마늘 5톨(선택)

2차양념

☐ 간장 5큰술

☐ 설탕 2큰술

☐ 물엿 2큰술

※ 물 양을 적게 잡으면 마지막에 물로 간을 맞출 수 있어 좋아요. 짭짤하게 조리해야 상하지 않고 맛있게 먹을 수 있어요.

1 홍두깨살은 물에 담가 핏물을 빼줍니다.

2 대파는 크게 썰고, 양파와 생강 편도 손질하고, 마늘(선택)도 준비해주세요.

3 핏물을 뺀 홍두깨살을 압력솥에 넣고 양파, 대파와 1차 양념 재료를 넣은 뒤 물을 홍두깨살이 잠길 듯 말 듯한 느낌으로 적게 잡습니다. 그런 다음 압력솥 뚜껑을 닫고 중간 불에서 압력을 올립니다. 압력이 올라가면 약한 불로 줄여 25분 정도 익힙니다.

4 불을 끄고 자연스럽게 압력이 빠지도록 기다립니다. 압력이 빠지면 뚜껑을 열고 잘 익은 홍두깨살을 한 김 식힌 뒤 잘게 손으로 찢어주세요.

5 압력솥에 남은 육수를 채망에 걸러놓습니다.

6 냄비에 손으로 찢은 홍두깨살을 넣고 육수와 2차 양념 재료를 넣어 타지 않게 중간 불로 15분 정도 조리듯 익혀 마무리합니다.

실시간 급상승
레시피

part 08
화제의 썰맨 레시피

고추장삼겹살
을지로골뱅이무침
초간단양념갈빗살
대용량오이미역냉국
다시다냉면
콩국수
도토리묵무침
무생채

고추장삼겹살

썰맨 TIP

 재료 — 삼겹살은 기름기가 많은 부위보다 미추리 쪽 기름기 없는 부위가 더 맛있습니다. 두께는 개인 취향에 따라 조절하면 되지만 너무 두껍지 않아야 양념이 잘 배어듭니다. 두꺼운 고기의 경우 칼집을 내줍니다.

 냉털 — 대파채나 상추 등을 초장에 버무려서 곁들이면 산미가 뛰어나요.

 응용 — 따뜻한 밥 위에 올리면 덮밥으로, 고기를 잘게 잘라 밥과 함께 볶으면 볶음밥으로도 먹을 수 있어요.

 요리 — 고추장삼겹살을 구울 때는 불 세기를 잘 조절해 약한 불에서 천천히 익히는 것이 중요합니다. 너무 강한 불에서 구우면 겉은 타고 속은 익지 않을 수 있어요.

3인분

기분 좋은 색감과 향기가 느껴지는 고추장삼겹살 비법은 바로 이것!

필수 재료

- ☑ 삼겹살 600g
- ☐ 미림 2큰술
- ☐ 국간장 1큰술
- ☐ 미원 ⅓큰술

양념

- ☐ 고추장 3큰술
- ☐ 매운 고춧가루(고운 것) 1큰술
- ☐ 설탕 2큰술
- ☐ 물엿 3큰술
- ☐ 다진 마늘 1큰술
- ☐ 케첩 1큰술

1 삼겹살은 적당한 두께로 썰어 준비합니다.
※ 너무 작게 자르면 익은 뒤 고기가 안 보이니 최소 사방 2.5cm 이상으로 잘라주세요.

2 미림 2큰술, 국간장 1큰술, 미원 ⅓큰술을 섞은 뒤 삼겹살에 재워 30분 정도 둡니다.
※ 국간장, 미림 대신 약간의 소금과 소주+설탕을 이용해도 괜찮습니다.

3 분량의 재료를 잘 섞어 양념을 만듭니다.

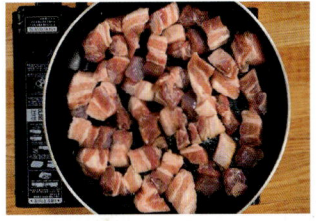

4 달군 팬에 ②의 재워둔 삼겹살을 구워줍니다.
※ 물을 조금씩 부어가면서 구우면 고기가 타지 않아요.

5 삼겹살이 노릇노릇하게 익으면 만들어놓은 양념을 골고루 입혀 약한 불로 천천히 타지 않게 구워줍니다.

※ 만약 불 세기를 조절하기 힘들다면 물을 조금씩 넣어가면서 구우세요. 태우지 않고 맛있게 만들 수 있어요.

을지로골뱅이무침

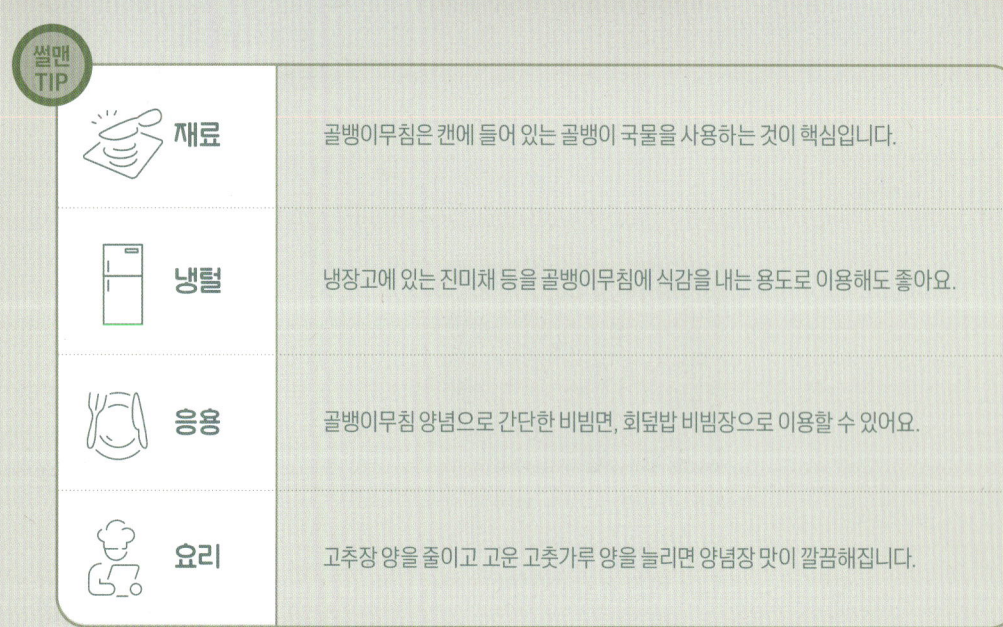

썰맨 TIP

| 재료 | 골뱅이무침은 캔에 들어 있는 골뱅이 국물을 사용하는 것이 핵심입니다. |

| 냉털 | 냉장고에 있는 진미채 등을 골뱅이무침에 식감을 내는 용도로 이용해도 좋아요. |

| 응용 | 골뱅이무침 양념으로 간단한 비빔면, 회덮밥 비빔장으로 이용할 수 있어요. |

| 요리 | 고추장 양을 줄이고 고운 고춧가루 양을 늘리면 양념장 맛이 깔끔해집니다. |

4인분

다양한 채소와 함께하는 골뱅이무침 비법은 골뱅이 캔 국물입니다.

필수 재료

- ☑ 캔 골뱅이(큰 것) 1개
- ☐ 대파 1대
- ☐ 양파 ⅓개
- ☐ 양배추 1줌
- ☐ 건소면 100g
- ☐ 캔 골뱅이 국물 5큰술
- ☐ 통깨 약간

양념

- ☐ 굵은 고춧가루 보통 맛 3큰술
- ☐ 고운 고춧가루 아주 매운맛 2큰술
- ☐ 고추장 2큰술
- ☐ 설탕 3큰술
- ☐ 진간장 1큰술
- ☐ 소고기 다시다 ⅓큰술
- ☐ 미원 ¼큰술
- ☐ 참기름 2큰술
- ☐ 환만식초 4큰술

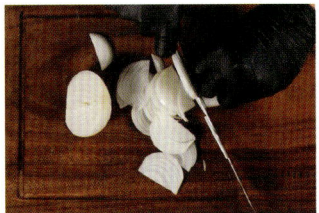

1 대파, 양파, 양배추 등 냉장고에 있는 채소를 먹기 좋은 크기로 잘라 준비해주세요.

※ 청양고추, 홍고추, 상추 모두 좋습니다.

2 분량의 재료를 넣어 양념을 만들어주세요.

3 뜨거운 물에 건소면을 넣고 3분간 삶은 뒤 찬물에 헹궈 물기를 제거해주세요.

4 큰 볼에 준비해둔 채소를 넣고 한입 크기로 손질한 골뱅이와 분량의 양념, 골뱅이 캔 국물을 넣고 버무려주세요.

5 골뱅이무침을 접시에 담고 소면을 올려 남은 양념을 조금씩 더 올린 뒤 통깨를 뿌려 마무리합니다.

초간단양념갈빗살

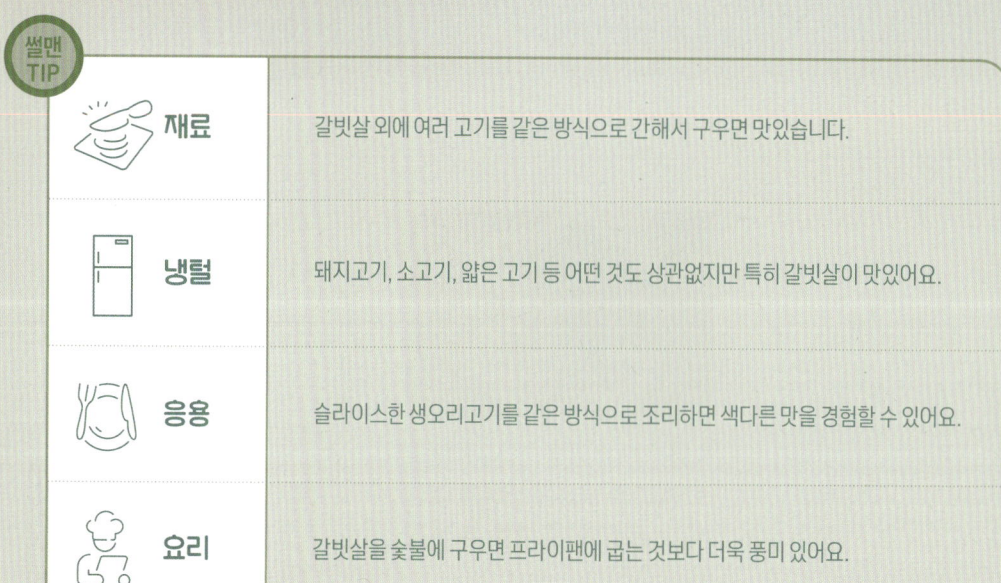

썰맨 TIP

- **재료**: 갈빗살 외에 여러 고기를 같은 방식으로 간해서 구우면 맛있습니다.
- **냉털**: 돼지고기, 소고기, 얇은 고기 등 어떤 것도 상관없지만 특히 갈빗살이 맛있어요.
- **응용**: 슬라이스한 생오리고기를 같은 방식으로 조리하면 색다른 맛을 경험할 수 있어요.
- **요리**: 갈빗살을 숯불에 구우면 프라이팬에 굽는 것보다 더욱 풍미 있어요.

2인분

유명 맛집의 갈빗살 맛을 집에서도 쉽게 재현할 수 있습니다.

필수 재료

☑ 갈빗살 350g

양념

☐ 양조간장 ½큰술

☐ 설탕 ⅓큰술

☐ 미원 ⅓큰술

☐ 후춧가루 약간

☐ 마늘즙 2큰술

※ 다진 마늘이 아닌 즙으로 넣으세요. 마늘이 고기에 묻어나면 안 됩니다.

☐ 참기름 ½큰술

1 갈빗살을 볼에 넣어주세요.

2 분량의 양념 재료를 갈빗살에 바로 넣어 버무린 뒤 1시간 동안 냉장 숙성합니다.

3 프라이팬에 ②를 올려 구워서 완성합니다.

대용량오이미역냉국

썰맨
TIP

 재료 — 오이냉국을 만들 때는 백오이보다 청오이를 사용해야 식감이 더 좋아요.

 냉털 — 냉장고 속 토마토 등 채소 등을 이용하면 다양한 식감과 맛을 즐길 수 있어요.

 응용 — 오이냉국에 자숙 새우나 자숙 해산물 등을 추가하면 더욱 풍부한 맛을 느낄 수 있습니다.

 요리 — 물을 넣을 때 간을 바로 보지 말고 내용물을 물에 희석하면서 간을 보세요.

2~3인분

급식 대가 이모님이 알려주신 급식 오이냉국 레시피.

필수 재료

- ☑ 오이 ½개
- ☐ 건미역 5g
- ☐ 홍고추 ⅓개(선택)
- ☐ 청양고추 1개(선택)
- ☐ 양파 ¼개(선택)
- ☐ 통깨 약간

양념

- ☐ 꽃소금 ½큰술
- ☐ 우동 다시 1큰술
- ☐ 국간장 ½큰술

※ 우동 다시 1+½큰술을 넣으면 훨씬 더 식당 맛에 가까운 맛을 낼 수 있습니다.

- ☐ 멸치액젓 1큰술
- ☐ 뉴슈거 ½큰술

※ 설탕으로 대체 가능

- ☐ 미원 ¼큰술
- ☐ 양조식초 5큰술

※ 환만식초 추천

1 건미역은 찬물에 30분 정도 불린 뒤 물기를 제거합니다.

2 오이는 채칼을 이용해 얇게 썰고, 홍고추와 청양고추(선택)도 먹기 좋게 얇게 썰어주세요. 양파(선택)는 채 썰어 준비합니다.

3 큰 그릇에 불린 미역, 고추, 양파를 넣습니다.

4 ③에 분량의 양념 재료를 모두 넣고 1시간 정도 재료에 간이 배게 합니다.

5 ④에 오이를 넣고 차가운 물 800ml~1L를 조절하며 넣어 간을 맞춘 뒤 섞습니다.

6 얼음 3~4개를 넣어 그릇에 담고 통깨를 약간 뿌려 완성합니다.

다시다냉면

썰맨 TIP

 **재료** — 냉면 육수는 기본적으로 다시다를 이용하지만 포도당 또는 식초 등을 첨가해 기호에 맞게 맛을 조절하세요.

 **냉털** — 냉장고에 있는 쌈무나 치킨무 등으로 냉면 무를 대체하면 어렵지 않게 만들 수 있어요.

 응용 — 냉면 육수를 만들 때 샤부용 육수나 소고기를 우려낸 육수를 사용하면 풍미가 더 뛰어납니다. 냉면 육수는 꼭 식은 뒤 꽃소금으로 간을 조절해주세요.

 요리 — 냉면용 냉동 면을 끓이기 전 해동이 안 된 경우 전자레인지에 30초~1분간 해동하면 면이 뭉치지 않아요.

2인분

다시다와 함께하는 냉면, 시원함과 간편함의 정수를 느낄 수 있어요.

필수 재료

- ☑ 냉면용 냉동 면 2인분
- ☐ 달걀 1~2개
- ☐ 샤부샤부용 소고기 50g

※ 샤부용 고기로 낸 육수는 더 깊고 묵직한 맛을 냅니다. 전통적인 방식의 육수를 원할 경우 압력솥에 양지머리 300g을 물 800ml에 넣어 30분 삶아 육수를 만듭니다.

- ☐ 오이 ½개
- ☐ 무 또는 쌈무 50g
- ☐ 소금 ½큰술
- ☐ 설탕 1큰술
- ☐ 양조식초 1큰술
- ☐ 뉴슈거 약간
- ☐ 통깨 약간

양념

- ☐ 다시다 2큰술
- ☐ 미원 ⅓큰술
- ☐ 꽃소금 약간

1 오이와 무는 얇게 썰어 볼에 담고 소금 ½큰술, 설탕 1큰술을 넣고 20분간 절인 뒤 물기를 짜주세요. 양조식초 1큰술, 뉴슈거 약간을 넣어 단맛을 맞춰주세요.

2 달걀은 인원수에 맞게 10~13분간 삶아 반으로 잘라주세요. 냄비에 샤부용 고기를 물 800ml에 넣어 살짝 데쳐서 건져냅니다.

3 데쳐낸 육수에 다시다 2큰술, 미원 ⅓큰술을 넣고 육수가 식은 다음 꽃소금으로 간을 조절하고 기름기를 걷어주세요. 그런 다음 냉동실에 2~3시간 넣어주세요.

4 다른 냄비에 물 2L를 넣어 끓으면 냉동 냉면을 넣고 1분간 끓입니다.

5 ④의 냉동 면을 찬물에 넣어 맑은 물이 나올 때까지 3~4번 헹궈주세요.

6 그릇에 면, ③의 육수, 무, 오이, 데쳐낸 샤부용 고기(선택)와 삶은 달걀을 올리고 통깨를 약간 뿌려주세요.

※ 기호에 따라 식초, 겨자소스를 넣으세요.

콩국수

썰맨 TIP

 **재료** — 콩을 불려 삶은 콩을 믹서에 갈아내는 방식과 맛에 차이는 있겠지만 콩국수 분말을 이용하면 간편하게 만들 수 있어 요리가 즐거워집니다.

 냉털 — 냉장고에 두유가 있다면 두유와 물을 1:1로 섞어 넣으세요. 맛이 더욱 좋아집니다. 이때 무가당 두유를 사용하면 훨씬 더 맛있어요.

 응용 — 콩가루는 선식으로도 이용 가능합니다. 또 100g당 칼로리가 400kcal로 다이어트 식품으로도 좋아요.

 요리 — 건면과 생면 중 선택하라면 당연히 생면으로 조리하는 것이 식감이나 풍미가 뛰어납니다.

1인분

콩국수 분말로 시원한 여름 별미를 손쉽게 만들어보세요.

필수 재료

☑ 생소면 또는 건면 1인분
(생면 추천)
☐ 얼음 적당량
☐ 오이 1개
☐ 삶은 달걀 ½개

양념

☐ 콩가루 6큰술
※ 복만네 콩가루를 추천합니다.
☐ 꽃소금 약간(선택)
☐ 설탕 약간(선택)

1 달걀은 삶아서 고명을 만들어주세요.

2 오이는 껍질을 모두 벗기지 않고 중간중간 진녹색이 보이도록 채 썰어서 준비해주세요.
※ 오이채를 만들면 색감과 식감이 더욱 좋아집니다.

3 차가운 생수 500ml에 콩가루 6큰술을 넣고 잘 섞어 콩국물을 만들어주세요.

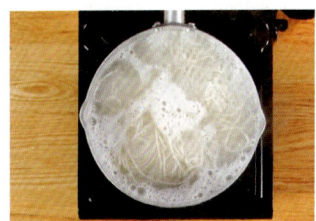

4 냄비에 물을 넣고 생소면을 약 3분 40초간 끓인 뒤 찬물에 헹궈 전분기를 제거해 차갑게 만들어주세요.
※ 얇은 생소면을 사용하면 식감이 좋아집니다.

5 면을 얼음과 함께 담고 콩국물을 넣은 뒤 오이채와 삶은 달걀을 올려 마무리합니다.
※ 기호에 맞게 꽃소금 또는 설탕을 토핑하듯 넣어 먹어도 좋습니다.

※ 남은 콩국물은 냉장 보관했다가 다음 날까지 먹어도 무방합니다.

도토리묵무침

썰맨 TIP

	재료	도토리묵을 구입할 때 도토리가루 함량을 꼭 확인해야 재료 본연의 맛을 즐길 수 있어요.
	냉털	냉장고에 있던 도토리묵을 뜨거운 물에 한번 데쳐서 찬물에 헹구면 부드러워져요.
	응용	도토리묵이 없어도 만들어놓은 양념장으로 각종 채소에 버무려 먹으면 맛있어요.
	요리	조리가 서툰 분들은 양념장을 조금 묽게 만들거나 양념 재료를 섞은 뒤 도토리묵에 드레싱처럼 뿌려 먹으면 부서지지 않아요.

2~3인분

요거트소스와 함께하는 도토리묵무침의 새로운 맛을 소개합니다.

필수 재료

☑ 도토리묵 1모
☐ 참기름 1큰술
☐ 오이 ⅓개
☐ 양파 약간
☐ 청양고추 ½개(선택)
☐ 홍고추 ½개(선택)
☐ 깻잎 10장
☐ 상추 5장
☐ 쑥갓 약간(선택)
☐ 꽃소금 약간
☐ 통깨 약간

양념

☐ 고춧가루 3큰술
☐ 진간장 2큰술
☐ 멸치액젓 1큰술
☐ 매실액 1큰술
☐ 고추장 ½큰술
☐ 설탕 1큰술
☐ 미원 ⅓큰술
☐ 참기름 1큰술
☐ 요거트 ½~1개
※ 점도를 조절하면서 넣으세요.

※ 요거트소스는 묵의 식감을 부드럽게 해주고, 상큼한 맛을 더해줍니다.

1 나박 썬 오이, 채 썬 양파, 채 썬 청양고추(선택)와 홍고추(선택)를 준비하고, 깻잎과 상추는 깨끗이 씻어 물기를 제거하고 잘라줍니다.

2 도토리묵은 적당한 크기로 썰어 준비합니다.

3 분량의 재료를 모두 섞어 양념을 만듭니다.

4 도토리묵은 뜨거운 물에 데친 뒤 찬물로 식혀 부드럽게 만들어줍니다.

5 물기를 제거한 도토리묵에 꽃소금을 약간 넣어 밑간하고 간이 배어들게 10~15분간 놔둔 뒤, 만들어둔 양념을 도토리묵에 버무려 1차 조리를 완료합니다.

6 오이, 양파채, 깻잎, 상추를 그릇에 담고 참기름 1큰술을 두른 뒤 ⑤에서 남은 양념장을 버무려 접시에 깔아준 다음 1차 버무린 도토리묵을 올리고 취향에 따라 쑥갓, 청양고추, 홍고추, 통깨를 올려 마무리합니다.

※ 채소에 참기름을 두르면 코팅이 되어 양념의 염분으로 숨이 죽는 시간을 연장해줍니다.

무생채

썰맨 TIP

재료: 무생채를 만들 때 칼보다 채칼을 이용하면 편리합니다. 이때 무를 반달로 썰어 세로 방향으로 위에서 아래로 내리듯이 만들면 쉽게 만들 수 있어요.

냉털: 냉장고 속 양배추나 배추 등을 절여 물기를 뺀 뒤 무생채 양념장을 이용해 무침을 만들어보세요.

응용: 무생채에 오이 등을 넣으면 오이무생채로 만들 수 있습니다.

요리: 무생채를 바로 먹을 경우 소금에 절이지 말고 바로 만들어도 되지만, 냉장 보관할 땐 소금에 절여서 수분을 빼고 버무리면 꼬득한 무생채를 맛볼 수 있습니다.

7~8인분

무생채의 매력적인 변신은 무죄!

필수 재료

- ☑ 무 1.5kg
- ☐ 오이 1개
- ☐ 부추채 2큰술

양념

- ☐ 고춧가루 7큰술
- ☐ 꽃소금 1큰술
- ☐ 설탕 2큰술
- ☐ 까나리액젓 2큰술
- ☐ 다진 마늘 2큰술
- ☐ 식초 3큰술
- ☐ 요거트(작은 것) 1개
- ☐ 매실액 2큰술
- ☐ 통깨 2큰술
- ☐ 참기름 1큰술

1 무를 다듬어 무채를 만들어 주세요.

2 오이는 채 썰고, 부추채도 준비해주세요.

3 ①에 ②와 분량의 양념 재료를 넣고 버무려 완성합니다.

※ 여름무가 맛없을 때는 요거트를 넣고, 가을 햇무가 나올 때는 무 자체가 맛있으므로 굳이 요거트를 넣지 않아도 달고 맛있습니다.

memo

memo